本书出版受到国家社会科学基金青年项目
"城市群发展对人口分布影响的空间机理及政策选

长江经济带城镇化空间效应研究

李小帆 ◇ 著

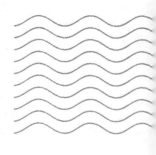

中国财经出版传媒集团

经济科学出版社
Economic Science Press

图书在版编目（CIP）数据

长江经济带城镇化空间效应研究/李小帆著.—北京：经济科学出版社，2019.5
ISBN 978 - 7 - 5218 - 0509 - 3

Ⅰ.①长… Ⅱ.①李… Ⅲ.①长江经济带-城市化-研究 Ⅳ.①F299.275

中国版本图书馆 CIP 数据核字（2019）第 083806 号

责任编辑：顾瑞兰
责任校对：李　建
责任印制：邱　天

长江经济带城镇化空间效应研究

李小帆　著

经济科学出版社出版、发行　新华书店经销
社址：北京市海淀区阜成路甲 28 号　邮编：100142
总编部电话：010 - 88191217　发行部电话：010 - 88191522
网址：www. esp. com. cn
电子邮件：esp_bj@163. com
天猫网店：经济科学出版社旗舰店
网址：http://jjkxcbs. tmall. com
固安华明印业有限公司印装
880 × 1230　32 开　7 印张　200 000 字
2020 年 2 月第 1 版　2020 年 2 月第 1 次印刷
ISBN 978 - 7 - 5218 - 0509 - 3　定价：45. 00 元
（图书出现印装问题，本社负责调换。电话：010 - 88191510）
（版权所有　侵权必究　打击盗版　举报热线：010 - 88191661
QQ：2242791300　营销中心电话：010 - 88191537
电子邮箱：dbts@esp. com. cn）

前言

目前，我国城镇化已进入新的阶段，国家提出建设"长江经济带"的战略，把"长江经济带"与"城镇化"结合起来，研究特定区域的城镇化现象，具有现实意义和紧迫性。然而，学术界对此方面研究并不多见。本书通过对城镇化空间效应的系统梳理，构建了融合二元经济理论和新经济地理学理论的模型框架，对带状经济城镇化的空间效应进行探讨，并运用实证方法考察了长江经济带城镇化的空间格局，得到了以下结论。

第一，空间效应指由于区域间社会经济活动的相互作用而形成的经济社会空间格局以及对以往的格局造成影响，并使其发生变化的过程。城镇化空间效应问题可以归结为三个方面：城镇化的空间结构问题、城镇化空间格局的形成机制问题以及城镇化过程中的空间溢出效应。其中，城镇化的空间结构问题主要指城镇化过程中形成的空间格局，包括城镇化水平的空间格局、城市体系的规模格局以及城市的经济分工格局三个方面；城镇化空间格局的形成机制主要是指城镇化过程中不同空间格局的形成机制以及区域和城市之间相互作用的机理；城镇化过程中的空间溢出效应重点关注城镇化过程中区域间的空间依赖和空间异质现象。

第二，通过构建包含了二元经济理论和新经济地理理论的框架，建立了包含一个封闭区域的理论模型讨论城镇化问题，发现在二元经济中，户籍歧视不利于城镇化水平的提升。户籍歧视使农村劳动供给变得缺乏弹性，并减少了农村剩余劳动力的供给，使那些有去城市工作意愿的人放弃了向城市转移，从而导致了城镇化过程中劳动力资源的错配。由于大量的农村劳动力被限制在农村继续工作，因而不利于农村隐性失业的减少，更不利于农业劳动生产率的提升。因此，进一步放松户籍管制、减少户籍歧视，有助于城镇化水平的提升和"人口红利"的进一步释放。通过将一个封闭区域的模型扩展到两个区域的开放贸易模型，讨论劳动力在区域之间自由流动时的城镇化问题。发现当劳动力可以在区域之间自由流动时，一个区域工业化水平的提升不仅能提升本地的城镇化水平，而且区域城镇化进程中的竞争作用会促进另一个区域工业化和农业现代化的完成，并间接提高另一个区域的居民福利水平。从而在存在区域竞争的条件下，一个区域的工业化存在"空间外部性"，它能够改变另一个区域的城镇化状况。这意味着促进长江经济带一体化的完成，减少市场和行政分割，将有利于整个区域城镇化水平的提升。当把两个区域的模型扩展到三个区域的线性模型时，发现距离可以通过空间临近效应和空间扩散效应而发挥作用。空间临近效应由市场价格效应和市场规模效应两种效应组成。市场价格效应指由于距离较近而导致贸易成本的下降，从而使区域价格指数下降；市场规模效应指的是由于距离的拉近而导致区域本地市场规模受到限制。空间扩散效应指一个区域距离城镇化水平高的区域越近，它本身的城镇化水平会越高。空间临近效应和空间扩散效应意味着在城镇化的进程中，拉近同工业化水平发达或城镇化水平较高的区域的距离，对于提高本区域的城镇化水平有积极的作用。区域之间应该尽量减少交易成本，这将有助于区域城镇化水平的提升。

第三，长江经济带城镇化具有明显的空间效应。首先，城镇化水平的空间分布具有明显的"圈层"特征，形成了东部、中部和西部三个较大的层级，且东部的城镇化水平要高于中部、中部高于西部。东、中、西三大层级内部的城镇化水平的差异又是以城市群为载体表现的，城市群之间的差异要大于城市群内部的差异。同时，在城镇化水平较高的长三角区域，城镇化率还存在空间正相关的现象，即城镇化水平较高城市的周边城市也具有较高的城镇化水平。其次，长江经济带的人口呈现由西向东单向流动，并且这种流动造成了城市规模体系的差异。那些拥有超大和特大城市的城市群的人口规模分布出现了"倒三角"形，表明人口过多地向超大和特大城市集聚，小城市却发展不足。同时，户籍制度的限制使城市群的城市结构分布呈现了"葫芦形"，特大城市过大，大城市和小城市数量不足。再次，从经济集聚和空间分工的角度来看，长江经济带各城市的经济集聚和空间分工具有空间连续性特征。究其原因，除了受"第一自然"的影响外，城市本身的集聚力和制度环境的影响同样重要。通过对长江经济带城镇化的几个方面的考察可以认识到，空间因素已经对长江经济带的城镇化过程产生了深远的影响，空间集聚和扩散是城镇化过程中的重要表现。

第四，通过运用空间面板杜宾模型定量评估长江经济带城镇化的空间效应及其影响因素，发现在长江经济带东部、中部、西部以及全域均存在趋同现象，趋同的速度由快及慢依次为：西部、中部、全域、东部。目前，长江经济带的城镇化正处于人口向大城市集聚的阶段，且其各个区域所处的具体发展阶段并不相同，所以各个区域城镇化水平提升受到的制约也不一致，因而需要对症下药，方能实现城镇化水平的全面协调发展。对于长江经济带东部区域，要继续保持区域经济高度集聚和中高速增长的发展态势，同时，进一步加强对外开放，并大力发展第三产业，减少第二产业，降低户籍歧视程度，以促进城镇化水平的提升。对于长江经济带中部区域，应保持本区域经济中高速增长，提升城市工资水平并降低户籍歧视程度，同时，注重以"城市群"为对象发展第二和第三产业，促进区域工业化，并加强区域的开放程度，以促进城镇化水平的提升。对于长江经济带的西部区域，应保持本区域经济中高速增长、减轻户籍歧视程度并以城市群为基础推进区域工业化进程。对于大部分区域而言，相比于本城市的相应政策和条件，其城镇化水平更多地会受到周边区域的相应政策和条件的影响，因此，在制定城镇化政策时需要综合考虑、协同推进。交通基础设施作为区域起飞发展的前提条件，虽然现阶段对本地城镇化的作用不明显，主要表现为促进大城市城镇化水平的提升，但长远看，交通基础设施能吸引人口回流，对推进本地城镇化建设具有决定性的作用。因此，建立长江经济带快速交通体系势在必行。

第五，通过对长江经济带市场潜能的计算以及城镇化路径的讨论发现，以 GDP 和人均 GDP 为代表的市场潜能呈现越来越明显的"核心—外围"结构，以及长江经济带东部、中部和西部均有"中心城市"存在。东部城市群成为长江经济带的"核心区域"，而中部的武汉、长沙以及西部的重庆则是未来城镇化"中心城市"的潜力点。无论是以 GDP 计算的市场潜能还是以人均 GDP 计算的市场潜能，在作为自变量时均与区域人口集聚存在显著的相关关系。这表明区域市场潜能的增加能够引起人口向本区域流动，从而形成新的区域中心城市。从这个角度而言，通过将中心城镇建设成为带动城镇化进程的"点"，再通过交通基础设施建设拉近周边区域同"中心城市"的距离形成"片"，最终通过高铁等快速交通格局或水运等大交通骨架形成"线"，不同的"线"交错成网，从而促进区域城镇化水平的整体提升，这可以成为推进长江经济带城镇化的一种建设思路。在推进城镇化的路径方面，发展大型城市能够充分发挥市场的规模效应，从而"以点带面，点面结合"，促进长江经济带城镇化水平的整体提升。尽管在短期内集聚有可能会带来区域发展的不均衡，但是长期来看，从集聚走向均衡，是推进长江经济带城镇化均衡建设的可行路径。

李小帆

2019 年 4 月

目录

第1章 绪 论

2014 年，中共中央、国务院出台了《新型城镇化规划（2014—2020 年）》，认为我国城镇化必须进入以提升质量为主的转型发展新阶段，这一阶段内在的和外在的条件要求城镇化必须走优质高效的道路。新型城镇化本质在于社会整体生活质量的提高和区域可持续发展，最终目标是城乡一体化，消除城乡二元结构，真正实现人的城镇化。长江经济带在我国区域格局中占有重要地位且在党的十八届三中全会后再度成为热点地区，将长江经济带和城镇化这两个问题结合起来，并从时空两维度研究，具有理论价值和现实意义。

1.1 问题的提出及研究目的、意义

目前，我国城镇化正处于快速发展的阶段，但粗放的城镇化模式带来了诸多问题，如产业转型升级缓慢、资源耗竭严重、环境持续恶化、社会矛盾凸显等，如果这些问题延续，则可能影响现代化进程。要清楚地认识中国的城镇化问题，就需要用历史的眼光来观察中国的城镇化制度究竟是如何演化的，以及这些制度对近几十年来的城镇化发展所造成的影响。

1.1.1 问题的提出

1. 中国的城镇化进程：从历史上纵向看

认识历史是理解现实的必要前提。中国目前的城镇化状态同新中国成立以来实行的政策密切相关，因此有必要回顾中国城镇化的进程，从历史的角度寻求现在城镇化发展问题的原因，最终也要回到历史中去，明确现在城镇化所处的阶段和未来的走势。尽管关于城镇化发展阶段的划分还存在一定的争论，大多数学者还是较为认可三个阶段的划分方法，即以 1958 年、1978 年为界，把中国的城镇化划分为正常发展、不稳动荡、快速发展三阶段（苏小、金彦平，2013；李浩、王婷琳，2012；刘勇，2011；叶耀先，2006）。但以《新型城镇化规划（2014—2020 年）》的颁布为标志，之后在城镇化战略和方式上明显同前一阶段有所区别，因此，建议把 2014 年以后的城镇化列为新型城镇化阶段，之前的"三段论"扩展为"四段论"。现以"四段论"为基础，简要回顾新中国成立以来的城镇化进程，梳理对城镇化发展起到重要作用的政府决策。

（1）正常发展阶段（1949~1958 年）。

在 1949~1958 年的正常发展阶段，中国城镇化经历了一个平稳上升的过程，城镇化率由新中国成立时的 10.64% 增长到 15.39%，平均每年新增城镇人口为 550 万人，城镇人口年均增长率为 7.10%，城市得到了快速的恢复和发展。特别是"一五"时期，国家进行了大规模建设，是我国工业化奠定基础的时期。优先发展重工业的战略导向逐步限制了我国农村人口向城市的自由流动，初步确立了偏向城市的发展政策和分割城乡发展的户籍制度（蔡昉，2003）。如表 1－1 所示，1958

年,《中华人民共和国户口登记条例》出台,标志着分割中国城乡的户籍制度正式建立(蔡昉、杨涛,2000)。

表 1 - 1　　　　1949~1958 年国家重要政策(部分)
对农民自由迁徙的表述

年份	政策名称	相关表述
1949	《中国人民政治协商会议共同纲领》	中华人民共和国人民有思想、言论、出版、集会、结社、通信、人身、居住、迁徙、宗教信仰及示威游行的自由权
1951	《城市户口管理暂行条例》	为维护社会治安,保障人民之安全及居住、迁徙自由,特制定本条例
1952	《政务院关于劳动就业问题的决定》	……将要从农村吸收整批的劳动力,但这一工作必须是有计划有步骤地进行,而且在短时期内不可能大量吸收。故必须大力说服农民,以克服农民盲目地向城市流动的情绪
1952	《应劝阻农民盲目向城市流动》	立即采取有效措施,劝阻农民盲目向城市流动……对盲目向城市流动的农民,大力说服和劝阻,讲明利害,打通思想,使他们安心生产
1953	《劝止农民盲目流入城市的指示》	各省、市人民政府应立即通知各县、区、乡政府、农会向准备或要求进城的农民耐心解释,劝止其进城;……县、区、乡政府对于要求进城找工作的农民,除有工矿企业或建筑公司正式文件证明为预约工或合同工者外,均不得开给介绍证件
1956	《关于防止农村人口盲目外流的指示》	对于灾区和非灾区盲目外出的农民、复员军人和乡、社干部,如果他们并无切实可靠的出路……应当切实加以劝阻,说明各地无法安置的实际情况,说明流落外地生产、生活没有着落的危险性
1957	《关于防止农村人口盲目外流的补充指示》	对所有准备外出和思想不够安定的农民应反复地、耐心地加以劝阻,……在外出农民流经较多的交通中心(如徐州、郑州、西安、天津等地),应设立劝阻站。……在农民流入较多的城市,应设立专门机构负责外流农民的处理和遣送工作

时间	政策名称	相关表述
1957	《关于制止农村人口盲目外流的指示》	乡人民委员会和农村生产合作社对企图外流的农村人口应当切实加以劝阻,不得随意开发证明信件。……在城市和工厂区,对盲目流入的农村人口,必须动员他们返回原籍,各企业、事业部门和机关、部门、团体、学校等一切用人单位,一律不得擅自招用工人或者临时工
1958	《中华人民共和国户口登记条例》	公民由农村迁往城市,必须持有城市劳动部门的录用证明、学校的录取证明或者城市户口登记机关的准予迁入的证明,向常住地户口登记机关申请办理迁移手续。公民迁往边防地区,必须经过常住地县、市、市辖区公安机关批准

资料来源:李厚刚. 20 世纪 50 年代重工业优先发展战略与农民迁徙权的变迁 [J]. 江西社会科学, 2015 (08):114 - 120.

(2) 不稳定阶段(1958～1978 年)。

如图 1 - 1 所示,以 1958 年为标志,中国城镇化进程进入了具有浓重计划色彩的动荡不稳阶段。这一阶段又可以分为两个亚阶段:1958～1966 年的"大跃进"和大调整时期,1966～1978 年的停滞不前时期。1958～1966 年,前三年为"大跃进"时期,城镇化呈现激进之态。1958～1960 年,城镇人口激增 2 352 万人,城镇化率由 16.3% 猛增到 19.8%,城市数量增加到 199 个,城镇人口增加 31.4%,城镇化速度达到新中国成立以来的高峰。1961～1963 年为我国三年困难时期,前期盲目城镇化导致了城镇人口粮食无法得到保障,于是开始大规模精简人口,主要措施包括遣返流入城市的农民、20 世纪 50 年代中期开始的"上山下乡"政策,城镇化率开始降低

（李若建，1999）。1964～1966 年，中国工业开始向三线地区①
转移，尽管在某种程度上促进了这些城市的城镇化进程，然而
从全国总体来看，城镇化速度呈下降的趋势。1966～1976 年，
城镇化水平呈低迷不稳的状态，我国的工业化和城镇化进程一
再停滞（李国平，2008）。

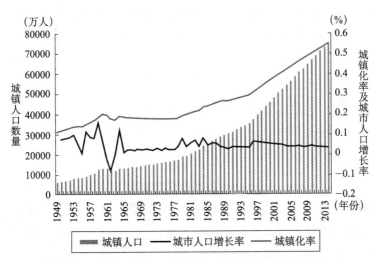

图 1-1　1949～2014 年中国城镇化率与城镇人口变化

数据来源：国家统计局。

（3）快速发展阶段（1978～2014 年）。

这一阶段，我国开始在制度上重视社会规律和市场规
律，对农村人口流入城市的政策也逐渐放开，由"离土不离
乡"变为"离土又离乡"，逐步鼓励农民进城打工。然而，
值得注意的是，20 世纪 50 年代中期形成的户籍制度并没有

---

①　三线地区共涉及 13 个省区，包括四川、贵州、云南、陕西、甘肃、宁
夏、青海等西部省区及山西、河南、湖南、湖北、广西等省区的后方地区。

取消，而被一直保留下来，在多个城市的政策偏好中得以体现，形成了对农民的隐形户籍歧视。直到 2014 年 7 月 24 日，国务院印发《关于进一步推进户籍制度改革的意见》，中国户籍制度改革进入全面实施阶段。总体而言，改革开放以来，伴随着工业化进程加速，中国城镇化经历了一个起点低、速度快的发展过程（新华社，2014）。尽管城镇化进程明显加快，但其模式属于粗放型的发展模式，相应带来了产业转型升级缓慢、资源耗竭严重、环境持续恶化、社会矛盾凸显等诸多问题。

（4）新型城镇化发展阶段（2014 年以后）。

1978 年以来的城镇化发展，具有典型的快速粗放的特征，其中也积累了不少问题，比较显著的就是城镇化进程中的不协调问题，包括在城镇化进程中无法处理好人口和土地的协调问题导致的人口和土地的分布不均、城镇化的"大拆大建"模式所造成资源的浪费、城乡二元制度导致的资源分配失衡以及区域差异导致的城镇人口分布的不均衡等。从"人地关系"的视角来看，表现为城镇化和经济发展的过程中忽视"人"本身的诉求。这一现象制约了城镇化质量的提升，进而在一定程度上阻碍了现代化的进程。为此，党的十八大以来，国家开始提出以提高城镇化质量为主要目的的新型城镇化战略。2013 年 12 月，中央召开了全国城镇化工作会议，提出了新型城镇化的六大任务；2014 年 3 月，《国家新型城镇化规划（2014—2020 年）》出台，标志着城镇化开始步入新型城镇化阶段；2014 年 7 月，国务院印发《关于进一步推进户籍制度改革的意见》，正式从政策层面开始着手打破分割城乡的户籍制度。

2. 崛起的东部、塌陷的中部和遥远的西部：从空间上横向看

不少学者从历史的角度对我国的城镇化进程进行详尽的分析，另一个角度是着眼于空间，从人口的空间分布上探讨城镇化的发展态势（顾朝林、庞海峰，2009；刘彦随、杨忍，2012；毛其智、龙瀛、吴康，2015）。从空间上看，我国城镇人口分布呈现了"南密北疏，东密西疏"的空间分布格局和"小集中、大扩散"的空间演化趋势。这一人口分布格局仍然没有突破"胡焕庸线"所形成的大经济地理格局。但是其中有几个现象仍然不容忽视：（1）中国人口正在向京津冀、长三角、珠三角、山东半岛城市群、武汉城市圈和成渝城市群聚集，空间上"核心—外围"结构逐步凸显；（2）城市群之间有连绵成片的趋势，正在形成京津冀—山东半岛—长三角、珠三角—北部湾等人口集中分布的巨型城市区；（3）长江中游城市群正在融入京津冀—山东半岛—长三角的巨型区域，在区域中处于边缘的位置；（4）相比于成渝城市群和北部湾城市群，长江中游城市群近十年来发育速度明显较慢，在我国中部地区形成了一个人口洼地。

引起人口流动的原因有许多，其中一个较为重要的就是经济社会结构的转变。在改革开放和全球化的大背景下，中国东部沿海城市成为制度改革和对外开放的前沿，并且在改革开放40年的进程中扮演着中国经济增长的重要支撑点的角色，从而逐渐成为人口的聚集地，并且培育了上海、广州和北京等世界级的超级城市。这也同时形成了中国经济东部、中部、西部的差异，在东部、中部和西部形成了三个迥然不同的经济增长俱乐部，并且在中部和西部有趋同的趋势（蔡昉、都阳，

2000)。这种趋势从人口集聚的角度来看，其实是以中部的塌陷为特征的。

新经济地理学认为，距离因素在"核心—边缘"结构中起到了重要的作用，距离的增加会阻碍贸易的进行，并导致区域经济结构的趋同和福利的下降（Krugman P., 1991）。这个规律同样适用于中国的区域经济发展。逯建等（2014）的研究表明，中国国内交易成本较高，并且伴随对外开放水平的提高，国内交易成本并没有下降（逯建、施炳展，2014）。在某种程度上，中、西部与沿海的距离实际上比沿海同国际的距离要远。中国的经济地理格局造就了城镇化的空间格局：人口向更具有密度（density）的地方流动，距离（distance）的影响和区域的分割（division）持续存在，可以称之为中国城镇化进程中的"3D"规律（The World Bank，2009；陈钊、陆铭，2009）。

第一个"D"反映的是规模经济对人口的集聚效应。在长三角、珠三角等沿海城市群中，经济活动更为集聚，规模经济效应也更为明显。2014 年，上海市的常住人口为 2426 万人，GDP 总值 23561 亿元，约为全国 GDP 的 3.7%，广州市的常住人口为 1308 万人，GDP 总值 16706 亿元，约为全国 GDP 的 2.6%，有力地带动了周边经济增长，并吸引了中、西部人口的大量流入，成为东部沿海的两大经济增长极。这同时也在全国层面上形成了一个巨型的"核心—边缘"结构，核心为沿海的城市群，边缘为中、西部区域。

第二个"D"反映的是距离的减少对城镇化布局的影响。基础设施的健全，特别是快速交通体系的建立，加速了生产要素的区际流动，并且对"核心—边缘"结构产生了两方面的冲击：一是运输时间的缩短拉近了区域之间的距离，这使要素更为容易地向增长的核心区域聚集，通过此种途径强化了核心区域的集聚效应；二是距离的缩短同样使要素由核心区域向边缘区域的扩散变得容易，当核心区域的扩散效应大于集聚效应时，区域发展会逐步趋于均衡。2000～2013 年，区域的扩散效应开始逐渐体现出来，表现为沿海城市连绵带逐渐向中部区域延续的过程。

第三个"D"反映的是区域之间的差距依然难以消除，原因是区域之间壁垒的存在阻碍了一体化市场的形成。制度壁垒增加了要素在区际流动的交易成本，使西部距离沿海比看上去更加遥远。根据逯建等（2014）的研究，国内距离相当于 35～95 倍的国际距离。区域分割使要素自由流动受阻，从而影响到了区域的经济结构，并阻碍区域之间的分工和合作。因此，如果各地方政府没有形成协同共赢的理念，地方经济依旧是各自为政的话，很可能会造成经济发展和城镇化过程中的结构性的问题，区域发展的差距始终无法消除。

3. 带状经济城镇化的空间效应

中国的经济地理格局还有一个较为显著的特征：南北之间交通更为便利，东西之间的交通相对较不方便。在以交通网络连接的经济格局中，南部和北部形成了网状、东西之间形成了带状的经济地理格局。目前，国家的"长江经济带"和"一带一路"倡议，都是以经济带为基础来连接东西的。当然，带状经济格局的形成多受我国自然地理条件的影响，问题在于，当区域以带状相连时，要素的流动往往具有更显著的空间外部性，比如，中部交通的阻塞会直接影响到东、西部要素的交流。但是学界目前对这一问题的研究却并不多见。城镇化往往是伴随着工业化和经济发展进行的，在带状经济体系当中，城镇化理所当然受到经济格局的影响，也同样会受到空间外部性的影响，表现在空间格局上，实际上是城镇化空间格局的趋同和差异。然而，带状经济格局是怎么样影响城镇化格局的，在城镇化过程中又有着什么样的空间外部性，并没有引起太多学者的关注。在中国户籍制度和区域分割的大背景下，带状经济的城镇化会显示出怎么样的空间形态，以及空间外部性如何影响了这种空间格局，正是本书试图解决的问题。

1.1.2 研究目的、意义

本书拟从新经济地理学的视角来解释长江经济带的城镇化问题。通过建立理论框架，采用规模经济、运输成本和"中心—外围"理论来解释空间经济结构（沈体雁、冯等田、孙铁山，2010；颜银根，2013）。研究主要聚焦于劳动力迁移和人口及厂商集聚，在区域经济学的新经济地理框架下构建包含户籍制度的二元经济结构模型，并以之为基础来解释长江经济带的区域不平衡和俱乐部趋同问题，而后进一步深入分析二元制度带来的城乡和区域间的福利差异。另外，从经验驱动的视角，通过对经验数据的分析，并结合相关的理论来判断长江经济带城市的集聚情况，以之为基础分析长江经济带城镇化的发展状况，并给出相应的政策建议。

本书研究意义在于：第一，结合了二元经济理论和新经济地理理论，分析了城镇化过程中的空间不均衡现象，从而为部分发展中国家城镇化提供了理论解释和支持，并有针对性地提出相应的对策建议。第二，通过对长江经济带这个中国经济发展的经典案例区的研究，分析了其空间结构和空间演化过程，并对以往城镇化政策展开评价，通过实证研究给出长江经济带城镇化空间格局和城市发展空间结构优化的对策建议。

1.2　研究对象与研究内容

1.2.1　研究对象

本书研究对象为长江经济带，范围覆盖上海、江苏等 9 省 2 市，横跨中国东部、中部和西部，具有独特优势和巨大发展潜力，是中国城镇化"两横三纵"战略的重要支撑带。如表 1 - 2 所示，根据《中国城市统计年鉴（2014）》，长江经济带共有地级及以上城市 110 个，县级市 133 个。根据数据的可获得性，本书在 110 个地级市的基础上加入部分县级市和自治州，以长江经济带 130 个主要城市为研究基本单元展开分析。①

---

　　①　分别为：阿坝藏族羌族自治州、安庆市、安顺市、巴中市、蚌埠市、保山市、毕节市、常德市、常州市、郴州市、成都市、池州市、滁州市、楚雄彝族自治州、达州市、大理白族自治州、德宏傣族景颇族自治州、德阳市、迪庆藏族自治州、鄂州市、恩施土家族苗族自治州、抚州市、阜阳市、甘孜藏族自治州、赣州市、广安市、广元市、贵阳市、杭州市、亳州市、合肥市、衡阳市、红河哈尼族彝族自治州、湖州市、怀化市、淮安市、淮北市、淮南市、黄冈市、黄山市、黄石市、吉安市、嘉兴市、金华市、荆门市、荆州市、景德镇市、九江市、昆明市、乐山市、丽江市、丽水市、连云港市、凉山彝族自治州、临沧市、六安市、六盘水市、娄底市、泸州市、马鞍山市、眉山市、绵阳市、南昌市、南充市、南京市、南通市、内江市、宁波市、怒江傈僳族自治州、攀枝花市、萍乡市、普洱市、潜江市、黔东南苗族侗族自治州、黔南布依族苗族自治州、黔西南布依族苗族自治州、衢州市、曲靖市、上海、上饶市、邵阳市、绍兴市、神农架林区、十堰市、苏州市、随州市、遂宁市、台州市、泰州市、天门市、铜陵市、铜仁市、温州市、文山壮族苗族自治州、无锡市、芜湖市、武汉市、西双版纳傣族自治州、仙桃市、咸宁市、湘潭市、湘西土家族苗族自治州、襄阳市、孝感市、新余市、宿迁市、宿州市、徐州市、宣城市、雅安市、盐城市、扬州市、宜宾市、宜昌市、宜春市、益阳市、鹰潭市、永州市、玉溪市、岳阳市、张家界市、长沙市、昭通市、镇江市、重庆市、舟山市、株洲市、资阳市、自贡市、遵义市。

表1-2　　　　　　　　　长江经济带城市体系一览

省份	城市合计	直辖市	副省级城市	地级市	县级市
上海	1	1			
江苏	36		1	12	23
浙江	32		2	9	21
安徽	22			16	6
江西	21			11	10
湖北	36		1	11	24
湖南	29			13	16
重庆	1	1			
四川	32		1	17	14
贵州	13			6	7
云南	20			8	12
合计	243	2	5	103	133

资料来源:《中国城市统计年鉴(2004)》。

1.2.2　研究内容

本书主要研究对象是城镇化,最后的落脚点是城镇化进程中各个不同区域的空间相互作用,区域最终形成的空间组织形态和形成这种形态的基本机制。在研究中必须考虑中国特殊的户籍制度和长江经济带的区域特点,所以还需要讨论的问题是现有的户籍制度对城镇化的影响和长江经济带的空间结构形态。具体来说,本书主要研究内容包括:第一,对空间效应的相关理论进行梳理,并以此为基础阐述城镇化空间效应的内涵;第二,研究城镇化空间效应的实现机理;第三,研究长江经济带城镇化的空间格局并对其城镇化的空间效应进行评估;第四,根据研究结论,提出提升长江经济带城镇化空间效应的建议。

　　本书研究框架如图 1 - 2 所示，在介绍了相关理论和背景的基础上，先从理论层面研究长江经济带空间差异的影响机制，再从实证研究的角度分析长江经济带城镇化的发展历程、空间特征以及空间演化过程，研究长江经济带城镇化趋同的影响因素，最后给出长江经济带城镇化空间格局优化的建议。

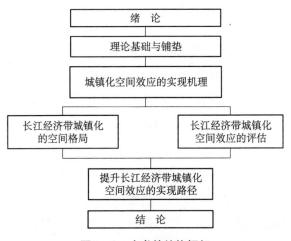

图 1 - 2　本书的结构框架

　　相应的章节安排为：第 1 章为绪论，主要说明研究的基本情况；第 2 章为理论基础，整理并阐述城镇化空间效应的概念；第 3 章为城镇化空间效应的实现机理，主要结合新经济地理学和二元经济理论，分析长江经济带城镇化的空间效应的影响机制以及空间差异格局的形成过程；第 4 章为长江经济带城镇化的空间格局，主要从经验分析的角度研究长江经济带城镇化的空间结构及其演变形式；第 5 章为长江经济带城镇化空间效应的实证评估，主要分析影响长江经济带新型城镇化的空间均衡发展的因素及对现有政策进行评价；第 6 章为提升长江经济带城镇化空间效应的实现路径，从市场潜力的视角分析长江经济带城镇化均衡发展的主要思路，并提出相应建议；第7章为主要结论。

1.3 研究现状

1.3.1 空间效应相关研究

1. 经济学中的空间概念

空间效应的兴起源于人们对空间的逐步关注。空间同时间相对，是一个客观存在，然而两者又有着密不可分的关系。作为人类生存的直接载体，空间一直为人们所接触，却较少为人所了解。因此，空间理论一直是一个谜一般的存在。

经济学界对空间的定义主要指的是距离的概念。最早关于空间的论述可以追溯到亚当·斯密。可惜的是，在斯密的论述中，空间依旧是一个谜。斯密认为，空间能够隔绝市场并对人的行为产生深刻的影响。空间距离的拉长带来的运输成本的增加令人无奈，在运输成本高的地方必将形成有限的市场，并进一步影响分工的细化，在运输成本高、市场规模小的地方，一个木匠可能同时也是铁匠，一个医生可能同时也是教师。古人克服空间难题的一种主要方式是通过水路来缩短运输距离，以水流的动力提供节约运输的成本，缩短运输的时间。尽管斯密较早注意到了空间的重要作用，而李嘉图的比较优势理论的成功却在某些方面使得经济学家的眼光从空间的角度移开，从而造成了以后较长时间地对空间的忽视。直到克鲁格曼把"空间"的因素融入"蒂克斯勒—斯蒂格利茨"的框架中，用规模递增和工业集聚来解释经济的空间格局时，空间才又为经济学家们所重新认识，并掀起了空间经济理论的研究热潮。

2. 空间效应相关研究进展

对空间效应的研究按照学科可以分为地理学和经济学两大学科视角体系，各不相同却又相互关联，并且随着区域经济学、城市经济学、新经济地理学等学科的兴起有逐渐融合的趋势。从地理学的视角定义的空间效应，往往基于经济活动能够配置经济增长地理分布的空间模式的基本观点，研究的是不同区域的空间相互作用而造成的区域发展的差异和趋同，以及区域内部的和区域之间的空间结构和空间格局等的变化以及这种变化带来的其他要素的再分配。如张博野等对"三铁"建设中武汉城市圈的空间效应分析（张博野、闫晨红、曾菊新，2014）；陈洁等对制造业发展对生产性服务业集聚的空间效应的研究（陈洁、王耀中，2015）；王业强等对中国制造业区位变迁的空间效应的分析（王业强、魏后凯、蒋媛媛，2009）等。从经济学的视角来研究则多把空间效应定义为空间依赖效应和空间异质效应，研究的是经济活动主体在空间上的相互影响。如姚鹏等对贸易开放和区域收入的空间效应的研究（姚鹏、孙久文，2015）；邹薇等对城市扩张对产业结构和经济增长的空间效应的研究（邹薇、刘红艺，2014）；吴玉鸣对中国省域经济增长趋同的研究（吴玉鸣，2006）。

地理学视角下的空间效应研究可以追溯到古典区位论。杜能（Thünen）、克里斯塔勒（Christaller）、邓肯（O. Duncan）、维宁（R. Vining）等地理学家均对区域的空间结构有过深入的分析，并奠定了区位论的理论基础。近年来，相关研究则多注重对区域空间结构的分析，如陆大道针对我国区域经济的发展，在"中心地理论"的基础上提出了"点—轴"发展理论，在我国区域发展实践中取得巨大成效（陆大道，2002）。同时，空间结构作为地理学所关注的主要现象，更多的学者围绕社会关心的热点问题作出一系列的研究。如张庭伟对20世纪90年代中国城市内部的空间结构做出研究（张庭伟，2001）；保继刚等对桂林旅游客源市场的空间结构演变做出的研究（保继刚、郑海燕、戴光全，2002）；唐志鹏等基于1997～2007年区域间投入产出表研究了出口对中国区域碳排放影响的空间效应（唐志鹏、刘卫东、公丕萍，2014）；关伟等使用了非期望产出的SBM模型对中国能源生态效率的空间格局与空间效应做出了研究（关伟、许淑婷，2015）；沈惊宏等对泛长三角地区城市的空间结构演变做出了研究（沈惊宏、周葆华、余兆旺，2016）。

经济学对空间效应最早的研究起源于创新理论中关于空间扩散的研究。约瑟夫·熊彼特（J. A. Schumpeter）在1911年提出创新理论时首先涉及创新的空间扩散的概念，可是当时并没有引起重视。哈格斯特朗（Hagerstrand）在1953年对空间扩散进行了开创性的研究，从信息的有效流动和技术扩散的层次性的角度阐述了空间扩散的概念。经济学对空间效应研究的兴起则得益于克鲁格曼的开创性工作，以及空间技术在经济学领域的引入和空间计量经济学的快速发展。近年来，相关研究主要集中在各种特定的经济活动对经济要素空间分布的影响上。如何兴强等运用空间面板计量方法，对中国城市的FDI区位分布的空间效应的检验（何兴强、王利霞，2008）。肖周燕对中国人口与经济分布不一致的趋势、影响因素及地区差异的探讨（肖周燕，2013）。马丽梅等分析了中国省级雾霾污染的交互影响问题（马丽梅、张晓，2014）。张洪等利用1998～

2010 年我国 70 个大中城市数据，采用空间动态面板数据方法，实证分析了房地产投资的地区影响效果（张洪、金杰、全诗凡，2014）。贾兴梅等探讨了制造业集聚对城市化的空间效应（贾兴梅、贾伟，2015）。罗胤晨等采用 ESDA 的方法分析了 2003～2012 年长三角地区县域工业集聚的空间效应（罗胤晨、谷人旭、王春萌等，2015）。贾敬全等分析了财政支出在产业升级方面的空间直接效应、空间间接效应与空间总效应（贾敬全、殷李松，2015）。

1.3.2　城镇化空间效应的相关研究

城镇化过程表现为人口的空间集聚，并可以通过一定的途径影响经济发展的空间格局，表现为城镇化的空间效应。蓝庆新等的城镇化对产业结构升级的研究支持了这一观点（蓝庆新、陈超凡，2013）。尽管学界对城镇化存在空间效应有着一致性的意见，但是对于城镇化同经济增长空间格局和空间效应的形式的判断却存在不同的意见。如尹希果在空间经济学的分析框架下的实证模型发现，城镇化、交通基础设施对制造业集聚存在显著的空间效应，且城镇化同制造业集聚之间存在倒 N 型关系（尹希果、刘培森，2014）。谢治春则发现，制造业地区集聚对城镇化水平有着显著的正向影响（谢治春，2014）。马子量等的研究发现，中国东、中、西三大区域省际城市化进程和动力存在空间效应（马子量、郭志仪、马丁丑，2014）。陈忠暖等的研究则发现，不存在东部地区城镇化超前而西部地区城镇化滞后的空间分异格局（陈忠暖、高权、王帅，2014）。齐昕等则发现，城市化的经济发展效应在城、市和城市三个层面上存在空间差异（齐昕、王雅莉，2013）。

此外，刘耀彬等以省级行政单位为统计单元，从时空角度分析我国改革开放以来城市化水平变化规律（刘耀彬、李仁东，2003）。秦佳等对中国人口城镇化的空间关系进行了分析（秦佳、李建民，2013）。毛其智等对 2000～2010 年中国人口密度的空间分布变化进行初步考察（毛其智、龙瀛、吴康，2015）。连蕾利用空间计量方法对我国人口迁移中的空间效应进行了实证研究（连蕾，2016）。

还有研究注意到，城镇化影响因素之间存在空间依赖，并运用空间计量经济学的方法加以讨论。李长亮发现，各省区的经济发展水平、产业结构非农化、社会保障水平、固定资产投资和外商直接投资对本省区的新型城镇化具有显著的促进作用（李长亮，2015）。卢丽文等发现，区位因素、经济的发展以及第二、第三产业的发展等均会对城镇化水平产生影响（卢丽文、张毅、李永盛，2014）。

值得注意的是，以上研究多基于探索性统计检验的思路，从实证研究方面探究了城镇化同经济发展的格局、城镇化的影响因素等命题，但是由于所研究区域、范围和作者潜在的观点不同，得出的结论也并不一致。后续研究需要更多地从经典理论出发探究城镇化问题，以得出较为一致性的结论。

1.3.3 长江经济带城镇化空间效应相关研究

关于长江经济带城镇化空间效应的直接研究并不多见，学者们多从各个角度围绕展开。如朱英明等较早对长江经济带人口城镇化特征进行了研究（朱英明、姚士谋，1999）。陈修颖用 ESDA 方法分析了长江经济带空间分异的基本特征（陈修颖，2007）。张超等通过城市夜间灯光数据，对长江经济带城市体系空间结构及其变动特征进行了分析（张超、王春杨、吕永强等，2015）。方创琳等以长江经济带城市群为研究视角，分析了长江经济带建设中的城市群的空间格局问题，指出要构建以城市群为战略桥墩的上下联动、以轴串群的流域生态经济带束簇状城镇体系（方创琳、周成虎、王振波，2015）。王圣云等应用社会网络分析方法，分析了长江经济带城市集群空间网络结构与空间合作路径（王圣云、翟晨阳，2015）。肖金成等基于现有数据对长江经济带城镇化水平和空间布局特征展开了探讨（肖金成、黄征学，2015）。李小帆等探讨了长江经济带城镇化协调性的空间差异和趋同问题（李小帆、邓宏兵、马静，2015）。

1.3.4 简要评述

城镇化的问题是伴随经济发展的经典问题，历来受到国内外学者的重视，关于城镇化的经典文献数量很多，这里着重从城镇化的经典理论着手，从理论和方法两个视角对国内外已有的理论进行综述。在理论方面，主要围绕二元经济理论和新经济地理理论两大经典理论展开，以上两个理论都是经济发展的经典理论，但套用到中国实际问题时却需加以改进。我国的城镇化问题既是一个经济结构转型问题，又是一个空间经济发展问题，因而将两者结合起来对实际现象加以解释，会更具有说服力。相信这也是未来解释中国城镇化问题的研究方向之一。

城镇化问题在空间上表现为人口在一定区域的空间集聚，在经济上又同经济的集聚增长相关联，因而无论是研究城镇化本身，还是研究同城镇化紧密相连的工业集聚问题，都需要充分考虑城镇化的空间效应，即空间相关和空间依赖问题。反之，空间相关、空间依赖和空间异质问题又可能会影响到区域政策的施行，但是已有关于长江经济带城镇化的文献并没有对此做出很多探讨。

1.4 研究思路与研究方法

1.4.1 研究思路

虽然关于城镇化的研究视角多种多样，但是人口的城乡转移始终是城镇化过程中的重点内容，也是中国城镇化的主要体现。因此，通过劳动力转移的视角来研究城镇化问题，具有一定的理论和现实意义。本书的主要思路也是把城镇化看成人口由农村向城市转移的一种现象，并从这个角度对城镇化过程中的空间效应加以研究。所以主要思路的基本步骤包括：首先介绍研究的主要背景和基本框架，接着阐述相应的理论基础，寻求理论渊源，而后结合新经济地理理论和二元经济理论寻求长江经济带空间结构的理论解释，再从经验研究的角度分析长江经济带城镇化的空间结构与空间相互作用，随后从实证分析的视角评价了现有长江经济带的城镇化政策，最后从空间均衡发展的角度给出长江经济带城镇化发展的政策建议。

1.4.2 研究方法

规范分析和实证分析：运用该种方法对长江经济带城镇化的空间效应展开分析，从规范研究的角度确立长江经济带城镇化的合理空间形式，以及造成长江经济带特殊空间结构的原因；从实证研究的角度分析长江经济带城镇化的空间相互作用，并对现有城镇化政策做出评价。

定性分析和定量分析：运用定性分析结合定量分析的方法，研究制度壁垒在城乡二元结构中的地位和作用机制，分析户籍制度对城镇化发展的影响，并对现有城镇化政策做出评价。如应用探索性空间数据（ESDA）分析长江经济带城镇化的空间差异，应用区位商指数 $\left(L_i = \dfrac{e_i/e_t}{E_i/E_t} \ (i = 1, \ 2, \ 3, \ \cdots, \ n) \right.$，$\left. B_i = e_i - \dfrac{E_i}{E_t} \cdot g \cdot e_t \ (i = 1, \ 2, \ 3, \ \cdots, \ n) \right)$ 分析长江经济带的城市分工格局，应用泰尔指数 $\left(T = T_b + T_w = \displaystyle\sum_{j=1}^{J} \dfrac{y_j}{y} \ln \right.$ $\left. \dfrac{y_j}{n_j/n} + \displaystyle\sum_{j=1}^{J} \dfrac{y_j}{y} \left(\displaystyle\sum_{i=1}^{j} \dfrac{y_{ij}}{y_j} \ln \dfrac{y_{ij}/y_j}{1/n_j} \right) \right)$ 分析长江经济带城镇化的区域差异问题。

空间统计和计量分析：运用空间统计和空间计量的方法，分析城镇化的空间格局和相互影响作用与长江经济带城镇化的空间结构。如利用 Moran'I 指数 $\left(I_i = \dfrac{n \displaystyle\sum_{i=1}^{n} \displaystyle\sum_{j=1}^{n} \omega_{ij}(x_i - \bar{x})(x_j - \bar{x})}{\displaystyle\sum_{i=1}^{n} \displaystyle\sum_{j=1}^{n} \omega_{ij} \displaystyle\sum_{i=1}^{n} (x_i - \bar{x})^2} \right)$ 分析长江经济带城镇化的空间相关性，应用空间计量模型（$y = \rho W y + X \beta + \varepsilon$）测度城镇化过程中的空间效应等。

历史分析：运用历史分析的方法对中国 1949 年以来的城镇化制度、政策和道路加以分析，比较不同阶段城镇化的特点，厘清城镇化道路的主要影响因素和主要演化过程。

1.5　创新点

　　本书在总结已有文献的基础上，界定了城镇化空间效应的概念，并对长江经济带这个特定区域展开研究。相对于已有文献，本书的创新点在于：第一，在理论上，把新经济地理和二元经济框架联系起来，解释了二元经济结构下的城镇化空间结构差异问题；第二，在实证研究中，运用近年来兴起的空间计量技术来分析长江经济带城镇化的空间结构问题。

第 2 章 不同理论视角下的 城镇化空间效应

城市具有悠久的历史。随着新石器革命后城市的产生，人类就开始了缓慢的城镇化进程。现代意义上的城镇化源于 19 世纪的工业技术革命，生产效率的提升促使人们从农业转向工业，从农村向城市聚集，开始了世界上 200 余年的城镇化进程。21 世纪，主要发达国家已完成了城镇化，2014 年，工业革命的起始国——英国的城镇化率为 82.34%，美国的城镇化率为 81.45%，日本为 93.02%，德国为 75.09%，中国为 54.77%，到 2020 年中国的目标为 60% 左右。纵观世界各国的工业化和城镇化进程，并非所有国家均能实现有效优质的工业化和城镇化，其中既有发展较好的发达国家，如英国、美国，也有"贫民窟"式的城镇化发展国家，如墨西哥、阿根廷，还有短短几十年完成现代化和工业化的韩国和日本。目前，中国依旧处于 30% ~ 70% 的城镇化快速发展阶段，三十余年来的城镇化进程遗留了区域失衡、城乡差异、资源浪费等问题，新型城镇化的任务紧迫而艰巨。区域协调问题是城镇化进程中需要研究的一个重要问题，而大部分区域协调问题均不可避免地涉及空间效应问题，然而，学界对于城镇化的空间效应的系统论述却并不多见。

实际上，最早体现空间效应的思想可以追溯到地理学家对空间格局和空间结构的研究中。分析城市空间格局的文献可以追溯到杜能以及古典区位学派，但是一直为经济学界所忽视。直到克鲁格曼的开创性工作，把空间的因素纳入经济学的分析范畴，经济学和地理学的关联逐渐多了起来，并开创了经济地理分析的新模式。之后，GIS、RS 等地理信息系统的相关方法被逐渐引入人文社科领域，并进一步促进了空间计量经济学的发展，也为空间效应的测度和解释提供了基础。

2.1 古典区位论中的城镇化空间效应

2.1.1 古典区位论及其发展

1. 杜能的农业区位论

杜能在农场经营管理的实践基础上讨论了农业的区位规律，他认为农作物的经营种类同其所在的土地距市场的距离相关。杜能先假设了一个与世隔绝的"孤立国"，该国由一个生产工业品的中央大城市和只生产农业用品的农业用地构成，且中央大城市被农业用地所包围。在所有农业用地相同且没有运河、运输成本同距离成正比的条件下，以经济利益最大化为目的的农民会根据土地与市场的距离来选取该地块种植的农作物类型。因为在这个条件下，农作物的收益同运输距离呈反向关系，距离越近，收益越大，反之亦然。所以在城市周边会选择种植适宜集约经营的农作物，在距离城市较远的地方会选择适宜粗放经营的农作物。由于距离不同而选择不同的农作物种类，围绕城市形成一系列"同心圆"，也被称为"杜能圈"或

"杜能环"。

杜能的农业区位论的提出具有重要的意义，是首次把区位和运输距离对人类活动的影响加以理论分析的研究，并对后面城市经济学和区域经济学的研究提供了引导。当然，只考虑封闭条件下的模型、没有考虑区域不均质等前提也使杜能环的应用存在一定的局限。

2. 韦伯的工业区位论

韦伯以现代交通运输体系为基础，探讨了工业区位选择的影响因素。韦伯的工业区位论的假设有：一是在均质区域中，影响工业区位分布的除经济因素外，其他因素如自然条件、政治环境等均相同；二是工业原材料，如燃料和原料等分布在固定不变的已知地点；三是工业产品消费地点既定，消费量不变；四是劳动力的工资率相同，但不同区域的工资水平不同；五是只有用火车运输的一种产品，且运费与运输距离成正比，与重量成正比。

韦伯首先通过运费确定了工业生产的基本区位选择，又通过劳动力费用和集聚效应对这种选择加以修正。他认为运费的减少可以使工业品的生产成本最小化，所以原材料的性质会对工业品的生产区位产生影响。使用的普遍存在的原材料越多，生产越靠近市场；使用的在特定地点分布的原材料或者失重性原材料越多，生产越靠近材料原产地。劳动力成本和集聚效应又会对以上的分布产生影响，企业选址同时还会考虑向劳动力费用低廉和工业部门集中的地方偏离。

可以看出，韦伯的区位论以企业生产的视角为主，企业总是希望在生产成本最小的地方选址，从而决定了不同生产区位几何图形的维度和形状。韦伯的工业区位论以"最小费用"原则为基础，对理论上和实践中的应用都产生了较大的影响，但模型中较少考虑技术进步和运输条件变化带来的影响，因而也具有一定的局限性。

3. 克里斯塔勒的"中心地理论"

克里斯塔勒在以实地调研为基础的条件下提出了城市分布的"中心地理论"。克里斯塔勒把城镇视为区域发展的核心，每个城镇都有自己的服务半径和市场区形状，在理论为圆形的市场服务区的基础上，不同级别、位置的城市相互作用会形成六边形的市场区构架。形成的原则可以是按市场组织、按交通组织或者按行政管理原则组织。

克里斯塔勒的"中心地理论"为现代地理学的发展提供了基础，具有重要的意义。但也有一定的不足之处：首先是理论整体上偏静态，没有考虑动态开放系统，各地区的异速发展没有得到体现。其次，对各个区域之间的相互作用的解析不够，且不同层级中心的影响是由高到低单向传导的。

4. 古典区位论的继承与发展

二战后，系统论成为研究区域城镇空间结构的重要方法，对城镇化空间格局形成了城镇体系及其演变这一统一认识。邓肯等首次提出城镇体系的概念（Duncan O. D.，Scott W. R. & Lieberson S.，1960），维宁（R. Vining）论证了其合理性，并研究了其对城镇发展的实际意义。贝里提出了人口分布与服务中心等级系统的关系（Berry B. J. L.，1961）。哈格特等研究了区域城镇群体的演变过程（Haggett P.，Cliff A. D. & Frey A.，1977）。弗里德曼将区域城镇的空间演变划分为前工业化时期、中心—外围结构形成阶段、多级中心的空间结构形成阶段和区域空间一体化阶段四个阶段（Friedmann J.，1966）。

还有学者从城市规模、城市体系和城市的空间结构做出研究，代表人物包括阿隆索（W. Alonso）、亨德森（J. V. Henderson）等人。阿隆索建立了城市集聚和人口规模之间的二次函数模型，分析了城市的最优规模问题（Alonso W.，1964；1971）。亨德森进一步认为，城市规模的大小取决于城市的职能（Henderson J. V.，1974）。城市体系方面的研究侧重于城市规模结构和人口分布的关系，具有代表性的是城市的首位度理论。杰弗逊（Mark Jefferson，1939）首先提出首位城市法则，用以解释一个国家大量的人口集聚于首位城市的发展趋势。辛格和齐夫参照帕累托最优提出城市的"序位—规模"法则，以反映城市等级和城市规模之间的经验关系（Singer H. W.，1936；Zipf G. K.，1949）。

2.1.2　古典区位论中的空间格局思想

空间格局问题一直是古典区位论及其继承和发展理论所关注的重点问题，但是其关注焦点多为经济体的空间形态和空间格局，且多基于地理学的角度，注重对地理现象的描述和概括，从经济学角度解释其形成机制的并不多见，对于空间格局形成过程中"空间"这一因素所起到的作用也没有足够的重视，因此只关注到了空间效应的结果，而没有关注空间效应的作用过程。

但是古典区位及其后续发展对空间格局的分析范式，以及内在包含的空间效应的思想，对研究城镇化的空间效应极有启发意义。第一，古典区位论及其后续理论为分析城市体系规模格局、城市分布的空间形态和差异格局提供了良好的研究基础，也为城镇化空间结构和空间格局的研究提供了典范。第二，古典区位论为研究城镇化空间分布格局的影响因素提供了理论参考。第三，古典区位论包含的空间差异思想、关于经济活动的空间布局等思想为以后的研究，包括克鲁格曼和藤田昌久等人的空间经济学说提供了很好的启发。

2.2　二元经济理论中的城镇化空间效应

2.2.1　二元经济理论及其发展

二元经济理论由刘易斯开创，并由费和拉尼斯、乔根森、哈里斯和拖达罗等发展，逐渐成为发展经济学解释二元经济的重要理论。

1. 刘易斯—费—拉尼斯模型

刘易斯延续了古典主义的思路，构建了经济发展的两部门模型。该模型认为，经济发展依赖于现代工业部门的扩张，农业部门为其提供了大量廉价的劳动力。并且对于大多数发展中国家，劳动力供给具有完全弹性。工业部门能够以较低的工资从农业部门吸纳劳动力，且可以通过劳动力工资与边际生产率之间的差额获得丰厚利润。同时，由于高储蓄工业部门有了不断扩张的资金来源，能够持续实现扩大再生产，对剩余劳动力的吸纳能力也不断增强。刘易斯模型可以用图 2 - 1 展示。

图 2 - 1 中，纵轴表示劳动生产率和实际工资，横轴表示劳动力数量。OS 为农业部门的生存工资，OW 为工业部门的工资，MPL 表示工业部门的劳动生产率。只要工业部门工资大

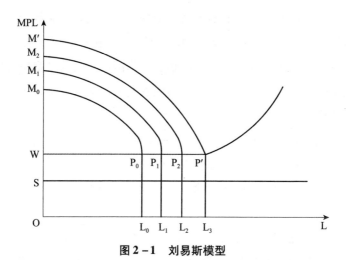

图 2 - 1　刘易斯模型

于农业部门工资，即 OW > OS，农业部门劳动力就会向工业部门流动。图中，P_0 为初始均衡点，此时劳动生产率为 $M_0 P_0 L_0$，就业人数为 OL_0，总产出水平为 $OL_0 P_0 M_0$ 所围成的面积。劳动力的总工资为 $OL_0 P_0 W$ 所围成的面积，工业企业的利润为 $WP_0 M_0$。如果利润全部用于投资，则劳动生产率会相应提高到 $M_1 P_1$，利润变为 $WP_1 M_1$，当劳动生产率为 $M'P'$ 时，剩余劳动力全部转移到工业部门，劳动力稀缺，工资水平开始上升。

费和拉尼斯对以上问题做出了修正。费—拉尼斯模型认为，农业劳动力转移同样受制于农业生产率的提高，并且向城市转移的劳动力数量和农村的实际工资之间存在着均衡关系（高帆，2005）。该模型认为，工业化过程存在三个阶段：第一阶段，农业部门的边际生产率为 0，此时在工业部门劳动工资不变的情况下，农业剩余劳动力的供给量是无穷的。第二阶段，农业部门工资为小于城市工资的正值，此时农业生产存在边际递减效应，工业贸易条件开始恶化，工业部门的利润率下降。最终所有隐性失业的劳动力全部转移，此时农业部门的工资率等于劳动生产率。第三阶段，农业部门的劳动生产率高于制度工资水平，此时工业部门和农业部门的工资水平都由部门的劳动生产率所决定，工业部门同农业部门展开竞争，工业部门工资水平开始提高。

费—拉尼斯模型通常和刘易斯模型并称为刘—费—拉模型。费—拉尼斯模型也存在着一定的不足之处：第一，没有考虑工业部门的失业问题；第二，工业部门的工资依旧由农业部门决定。

2. 乔根森模型

乔根森从新古典经济学的思路框架下分析了二元经济结构问题（Jorgenson D. W.，1961；1967）。该模型的假设为：一是农业部门的增长取决于劳动和土地两种生产要素，土地供给弹性小且边际报酬递减，因此农业产出取决于劳动，同时，劳动的边际生产率不再为 0；二是工业部门为劳动和资本的规模报酬不变的部门；三是工资和利润具有向上的刚性而且两者比例固定；四是两个部门的生产函数均为单调递增函数。

基于以上假设，乔根森讨论了农业剩余和人口增长、农业剩余和工业发展以及二元经济结构转化三个方面的问题，最终得到的结论为：第一，农业剩余产生于农业人口相对于农业产出的过剩；第二，工业的发展取决于农业剩余的大小，农业剩余越大，工业部门发展越快。乔根森模型具有以下特点：首先，在农业剩余的基础之上解释了农业部门人口向工业部门的转移，乔根森的模型中不存在农业部门边际生产率为 0 的状况，也不存在低于不变制度工资的剩余劳动。其次，由于农业部门中不再存在隐性失业，所以不存在固定不变的制度工资水平，工资水平是上升的。最后，经济增长引起人口增长，但是人口增长到一定程度后就不再增长，此时经济继续增长，农业剩余就产生了。

尽管乔根森的模型更富有解释力，但是依然不完美：一是乔根森模型没有考虑在农业生产过程中资本的作用；二是乔根森模型只考虑了封闭的情况，没有考虑开放经济的情况；三是依然没有考虑城市失业的问题。

3. 哈里斯—托达罗模型

哈里斯和托达罗延续了乔根森的新古典分析框架，关注的焦点转移到了城市和农村的失业问题（Harris J. R. & Todaro M. P.，1970）。哈里斯—托达罗模型的基本观点是：农业劳动力向城市转移取决于对城市非农业部门的预期收入和在城市能找到工作的概率。因为有预期工资的存在，所以即使城市存在失业，农民也会向城市流动。哈里斯—托达罗模型可以由以下一组方程来表示（蒋尉，2013）：

$$
\begin{cases}
Q_i = F_i(L_i, K_i)\,(i = u, r) \\
P_r F_r^k = R = P_u F_u^k \\
P_r F_r^L = W_r \\
P_u F_u^L = W_u \\
K = K_r + K_u \\
L = L_r + L_u(1 + \lambda) \\
W_u^e = W_u[L_u/(L_u + U)] \\
\quad\ = W_u[1/(L_u + \lambda)]
\end{cases}
\tag{2-1}
$$

式（2-1）中，下标 r 和 u 分别表示城市和农村。Q_i 表示工业部门或者农业部门的产量，L 和 K 表示劳动和资本的数量，假设生产函数为规模报酬不变函数，且为二阶连续可微的严格凹函数。劳动力和资本都是通过边际产出来定价的，R 表示资金成本，F_u^k 和 F_r^k 表示城市和农村的资本边际产出，F_u^L 和 F_r^L 表示城市和农村的劳动边际产出，P_r 和 P_u 表示农村和城市的价格水平，W_r 和 W_u 表示城市和农村的劳动力工资，U 表示城市失业人口，λ 表示城市失业率，W_u^e 表示农村劳动力对城市劳动工资的期望。

哈里斯—托达罗模型的基本逻辑如下：经济的发展是一个农业劳动力不断向城市转移的过程，城市工业有足够的吸纳能力。二元经济的城市部门包括传统城市部门和现代城市部门两种类型，劳动力由农村流入城市要经历先流入城市传统部门，再流入城市现代部门两个阶段。城镇化的动力来源于农民对城市的预期工资 W_u^e 与农村工资 W_r 的差距，以及在城市内能找到工作的概率。农民需要在遭受失业风险和取得较高收入之间做出权衡（高帆，2007）。

哈里斯—托达罗模型具有明显的政策含义：其一，增加城市就业机会的政策并不能有效解决城市的失业问题。因为增加城市就业的政策会提升城市就业概率和工资的预期，诱使更多农民流入城市，与城市失业者产生竞争。其二，对城市工资的干预也是失效的。最低工资的制度会扭曲劳动定价机制，使更多农民流入城市并导致城市失业率上升。其三，改善农村的生活条件，发展农村经济有助于解决失业问题。尽管哈里斯—托达罗模型对全面认识二元经济结构转化起到了积极作用，但是依然存在一些不足：一是农村剩余劳动力为 0 的假设与实际不符；二是没有考虑城市存在失业时农民回流到农村的情况。

4. 二元经济理论在中国的应用

中国的经济结构具备典型的二元经济特征，国内学者围绕经典二元经济理论并结合中国实际情况做出了很多研究，为二元经济理论在中国的本土化积累了大量的文献。但作为一个理论的舶来品，生搬硬套二元经济理论并不能完整解释中国的经济问题，完全按照经典二元经济理论来制定政策甚至会导致中国经济转型产生问题（周天勇，2001）。

第一，用二元经济模型解释中国经济结构转型。改革开放后，中国经济社会处于巨大的转型之中，作为经典理论，二元经济最早被用来解释中国的经济结构转型问题。袁志刚等较早分析了刘易斯的理论对中国二元经济的适用，认为刘易斯模型没有考虑制度和技术创新以及社会分配问题，因而存在一定的局限。中国经济在转型时期需要通过提高社会福利来增进平等，通过鼓励技术创新来提高效率，才能实现真正的转型（袁志刚、朱国林，2001）。后续文献分别围绕对中国二元结构的解析、二元经济理论对中国经济转型的启示等几个方面展开。

在对中国二元结构的解析方面，徐明华等发现，改革开放以来，中国产生了以城市农民工为第三元的三元社会结构（徐明华、盛世豪、白小虎，2003）。胡鞍钢等进一步解析中国的工业化和城市化道路，将之划分为传统农业社会向二元社会转变、计划体制下二元结构强化、三元社会结构建立和四元经济社会结构建立四个阶段（胡鞍钢、马伟，2012）。上述文献对中国的二元经济做出了深刻客观的描述，却没有解释中国二元经济转型的原因。高帆从分工的角度构建了新兴古典经济学模型，解释了二元经济结构的形成（高帆，2005；2007）。

另一些文献关注到了中国二元经济转型过程中的农业劳动力转移的现象，并结合二元经济理论展开分析。朱宇将二元经济结构和二元区域空间结构结合起来解释中国的城镇化问题，并较全面地介绍国内外对这种分析框架和理论的批评（朱宇，2001）。李静霞从农业和非农业的角度界定了中国的二元经济，将中国二元经济的演化进程划分为两个阶段，并指出了二元经济进一步转换的障碍所在及对策（李静霞，2001）。李晓春在哈里斯—托塔罗的二元经济结构下进一步研究了劳动力转移与工业污染问题，并对各种可能实行的经济政策的效果进行分析（李晓春，2005）。陶勇把研究视角聚焦于农业人口转移的社会保障，探讨了二元经济结构下我国社会保障体制的缺陷（陶勇，2002）。

近年来，随着"民工荒"问题的出现并逐渐受到重视，关于我国是否跨越了刘易斯拐点的讨论逐渐增多，却并没有形成一致的观点。王诚认为，中国已进入准刘易斯拐点阶段，并提出政策需要做出一系列调整（王诚，2005）。周燕等则认为，中国的二元经济转型是城镇化、工业化和经济开放过程的并存，造化"民工荒"的主要原因是城镇化和工业化不匹配等现象，中国的刘易斯拐点仍未到来（周燕、佟家栋，2012）。张桂文认为，中国二元经济的特殊性使得刘易斯转折区间的说法更为贴切（张桂文，2012）。

第二，用二元经济模型解释中国经济增长。还有学者关注到了二元经济结构转型与经济增长的关系，认为二元经济实际上是经济增长过程中的一个阶段，并试图用二元经济模型来解释中国的经济增长。蔡昉的研究将二元经济模式看为经济发展过程中的一个阶段，从历史分析的角度为中国经济的发展和转型寻求理论支持（蔡昉，2007；2015）。

蔡昉之外，陈宗胜、郎永清等人则围绕经济结构转变是否构成经济增长的动力展开研究。陈宗胜等认为，劳动力结构转换和全要素生产率一样能促进经济增长。以此为基础来解释"东亚奇迹"，发现其是农业技术进步和现代部门均衡发展综合作用的结果（陈宗胜、黎德福，2004）。然而，按照经济增长经典理论的观点，产业结构的升级依赖于区域要素禀赋结构的变化，而要素结构禀赋的变化则受到经济增长阶段的影响，所以从这个角度来看，结构转型是经济增长的结果而非原因。郎永清从以上角度出发发现，结构变化仍然不能代替技术进步成为推动经济增长的主要原因（郎永清，2007）。

第三，应用二元经济模型分析中国城乡差距。中国城乡制度的特殊性导致了城乡差距的逐步扩大，21 世纪以来，城乡收入差距逐渐成为研究热点。二元经济模型，特别是刘易斯模型中，农业劳动力的生存工资和城市不变的制度工资为此方面的研究提供了理论基石，学者们多基于此对中国城乡经济差异展开描述和解释。如曾国平等发现，中国收入差距的倒 U 趋势主要取决于其巨大的城乡差距（曾国平、王韧，2006；韩其恒、李俊青，2011；陈宗胜、宗振利，2014）。

但是对于城乡收入差距的解释却有多种说法：曾国平等认为，城乡差距呈现出动态特征，并要受经济开放的影响（曾国平、王韧，2006）。陈宗胜等则发现，技术进步、农村剩余劳动力数量等对劳动收入占比的提高有抑制作用，而劳动力存量和财政支出则存在显著的正面效应（陈宗胜、宗振利，2014）。高帆等利用超边际分析构建新兴古典经济学模型，证实了农业中迂回生产和中间产品的使用远低于工业是二元经济城乡差异的基本原因（高帆、秦占欣，2003）。肖卫等认为，城乡分割的政策因素限制了城乡统筹发展（肖卫、朱有志、肖琳子，2009）。

也有学者对二元经济理论对中国城乡差距的解释力提出质疑。赵红军等认为，将城乡二元结构和经济转轨这一双重制度变迁背景引入城乡差距模型中才能清楚地解释中国的城乡差距（赵红军、孙楚仁，2008）。李文溥等认为，刘易斯模型只考虑劳动力市场而忽略产品市场，因此对劳动力工资提升的解释力不够（李文溥、熊英，2015）。

实际上，二元经济结构的转型不仅是农业人口向非农业人口转化的过程，也是农村人口向城市集聚的过程，国内研究多从农业人口结构转化的视角展开，从农村人口向城市集聚视角展开的研究却并不多见。

2.2.2　二元经济理论中的城乡差异思维

二元经济理论中没有直接关于空间的表述，但是二元经济理论为人口的城乡流动提供了较好的解释。无论是刘—费—拉模型、乔根森模型还是哈里斯—托达罗模型，均是古典主义的思路的延续，把空间具体抽象为"点"状经济，尽管模型涉及了工业和农业两个部门的均衡，但是却没有关注均衡后城市和农村在空间上的表现，也没有考虑不同的集聚体之间的相互作用和相互影响。由于空间坍缩成了一个个点，人口在空间上的流动并不存在成本，所以在二元经济模型中没有看到关于运输成本或者迁移成本的表述，城镇化动力是城市较高的平均工资或者期望工资。二元经济开始走向"一元化"的标志之一是城市和农村的工资水平的趋同。因此，二元经济理论无法解释即使工资水平一致，依旧存在人口在城乡或者区域之间流动的现象。而这种情况确是近年来中国一直所发生的：相比于中部和东部，中国西部区域拥有较高的劳动报酬回报，但是人口流动却是单纯地由西向东的流动。

值得注意的是，虽然二元经济理论在对城镇化的讨论中或多或少存在着对空间的忽视，但是传统二元经济理论为解释中国的城镇化的区域差异问题提供了很好的研究框架，也算是二元经济理论中的"空间"思想。中国城乡分割的特殊情况使得二元经济理论得到了很好的应用，而对户籍管制的逐步放松和户籍歧视的逐渐弱化，无疑会促进刘易斯拐点的临近。因此，二元经济理论较新经济地理理论在解释区域问题时的一个重要的不同是二元经济理论首先承认了城乡和区域差距的存在，但是这种差距有缩小的可能，而新经济地理理论则证明了这种差距会持续地存在并有扩大的趋势。

2.3　新经济地理学中的城镇化空间效应

2.3.1　新经济地理学理论

1991 年，克鲁格曼开创了新经济地理研究的先河（Krugman P. ，1991）。二十余年来，经过克鲁格曼、藤田昌久（Fujita）、布雷克曼（Brakman）、鲍德温（Baldwin）、蒂斯（Thisse）等人的发展，逐渐成为现代经济学研究的主流之一。

1. 新经济地理学的起源与发展

新经济地理模型起源于新贸易模型，这种模型最初是为了解释产业内的贸易现象而产生的（Krugman P. ，1980）。新贸易理论主要建立在收益递增、差异产品和不完全竞争的假设基础上，核心思想是规模收益递增会使厂商向少数地区集中生产，在更大的市场具有本地市场效应，但是从中已经可以看出新经济地理的雏形。20世纪90年代，以克鲁格曼为代表的经济学者以规模报酬递增和不完全竞争为基础，在迪克西特—斯蒂格利茨垄断竞争框架下，引入萨缪尔森的冰山交易成本，构建了新经济地理体系，强调空间区位和运输成本的影响，重视历史和偶然事件、路径依赖、累积因果效应等在经济集聚和分散中的作用（何雄浪，2013）。

在新经济地理的发展过程中，经济学家们从多个方面改进了克鲁格曼的模型，但均存在一定的局限性，就是模型中复杂的非线性关系使得求取模型的解析解变得困难，有时只能借助数值模拟的方法来解决。由此，经济学家们提出了简化的解决办法。奥塔维诺（Ottaviano）等人提出了包括线性自由资本模型和线性自由企业家模型的线性模型，用准线性二次效用函数代替CES型效用函数，用线性运输成本代替冰山交易成本。德弗洛格（Pflüger）和苏德库姆（Sudekum）提出了对数线性效用函数模型来分析集聚的福利效果和区域政策干预之间的联系。

2. 克鲁格曼的"中心—外围"模型

"中心—外围"模型是新经济地理学里最简明和最具代表性的模型（金煜、陈钊、陆铭，2006）。该模型建立在一个两区域、两部门、两种生产要素的框架之上，回答的主要问题是：在其他条件完全相同的两个地区，报酬递增、要素流动和运输成本是怎样使工业集聚在相对发达的地区并造成区域发展差异的。为了回答这个问题，克鲁格曼对"中心—外围"模型做出了一些基本假定：农民均匀分布在两个区域内且不能在区际间流动，农产品同质且交易不存在运输成本，农业的工资为单位工资且处处相等，因此两区域的农民受益相同。工业的情况与农业不同，工人为了寻求更高的工资可以跨区域流动，工业品的区际交易存在"冰山"类型的运输成本，每个工厂为追求利润最大化的垄断竞争厂商且只生产一种产品，因此工厂的数量同工业品的种类相等。

在以上假定的基础上，"核心—边缘"模型说明了运输成本的变化如何影响工业企业的选址和区域的产业布局。具体而言，"中心—外围"模型中存在着本地市场效应、生活成本效应和本地竞争效应三种效应。本地市场效应指其他条件相同时，工人更愿意到市场规模大的地区工作，因为那里可以得到更高的实际工资。生活成本效应指的是在市场规模更大的地方，消费者能够享有更多的产品种类和更低的产品价格。本地竞争效应指的是当更多的企业和工人集中时，竞争就会加剧。本地市场效应和生活成本效应构成了区域的集聚力，本地竞争效应构成了区域的分散力。高的运输成本、微弱的规模经济和对工业品较低的支出都会阻止集聚的形成，此时产业均匀分布。当运输成本较低时，对称分布的初始状态哪怕是受到一个很小的扰动，也会通过前向的和后向的联系通过因果循环累积使企业往一个区域集中，从而形成"核心—边缘"的产业布局模式（宋德勇、胡宝珠，2005）。

尽管"核心—边缘"模型在解释经济集聚方面做出了出色的贡献，但也存在一定的局限：第一，忽视了企业预期在决策中的重要作用；第二，模型中复杂的非线性关系使求取模型的解析解变得困难，有时只能借助数值模拟的方法来解决；

第三，由于模型中自变量的个数少于外生变量的个数，因此，在进行静态比较分析时就不能在逻辑上得出不同外生变量对内生变量的影响；第四，运输成本同工业品价格同比例变化的假定不符合实际情况（何雄浪，2013）；第五，"核心—边缘"模型是静态的模型，忽略了技术进步的影响。

3. 新经济地理学在中国城镇化问题中的应用

以要素的流动为着眼点的新经济地理学为研究人口的流动和转移提供了很好的建模工具，随着新经济地理在国内的推行，越来越多的文献开始运用这种手段研究我国城镇化问题。具体的文献又可以分为理论建模和经验计量分析两大类。

在理论建模方面，陈林生等较早以安纳斯（Anas，2002）模型为基础分析我国城镇化道路问题，认为我国城市体系有向数量不断增加、分散化、专业化的小城镇发展的趋势（陈林生、李刚，2003）。但是，该模型没有结合我国二元经济结构特点加以分析，因而具有一定的局限性。张杰飞等较早把哈里斯—托达罗模型同新经济地理模型结合起来考虑中国的城镇化问题，并得出了相应的结论（张杰飞、李国平、柳思维，2009）。胡洁等采用同样的思路分析了贸易自由化对城乡产业结构、资本流动与失业的影响，认为随着贸易自由化的发展，存在失业现象的本国资本外流，制造业萎缩以及农业部门扩张，劳动力密集的农业部门除了吸纳制造业释放出的资本与劳动外，亦吸纳了部分城市失业劳动力，从而导致城市失业下降（胡洁、陈彦煌，2011）。在以上几个模型中，都假设劳动力是同质的，没有考虑城乡要素流动时劳动力的异质性问题。孙晓芳突破了这一假设，将异质性劳动力引入劳动力流动的空间模型，分析了异质性劳动力对空间经济结构的影响（孙晓芳，

2013）。倪鹏飞等则在刘易斯模型的基础上构建了开放条件下的城乡要素流动模型，并以之为基础解释了中国城镇化滞后于工业化发展的原因（倪鹏飞、颜银根、张安全，2014）。

除了利用新经济地理理论研究城镇化过程中的城乡格局、要素流动等基本问题外，还有研究把目光转向了公共政策的评价方面。安虎森等在德弗洛格（Pflüger）模型的基础上研究了城市高房价和户籍制度对城乡收入差距的影响（安虎森、颜银根、朴银哲，2011）。范晓莉研究了由人力资本的所有者流动所形成的城市化及能源产业问题（范晓莉，2014）。刘松涛等基于伯利安（Berliant）和藤田（Fujita）知识创新与扩散模型，对知识关联、劳动者迁移与城镇化格局之间的关系进行了理论分析和数值模拟（刘松涛、严太华，2014）。

在经验计量方面，吴福象等基于新经济地理学的要素流动驱动模型和投入产出联系模型的分析框架，对长三角城市群城镇化对经济增长的影响做出验证（吴福象、刘志彪，2008）。王永培等研究了沿海和内陆地区之间要素变动对劳动力流动和工业集聚的差异影响（王永培、袁平红，2010）。

新经济地理模型在中国的兴起得益于安虎森、梁琦等学者的推动，但是用新经济地理理论解释我国二元经济框架下的城镇化问题的研究还较为有限，已有研究也多为理论上的证明和解释，缺少实证数据的经验检验。目前，随着空间计量建模技术的发展和兴起，相信会有越来越多的研究出现。

2.3.2　新经济地理学对空间效应的重视

对空间和距离的重视是新经济地理学有别于其他"主流"经济学派的主要区别，在考虑到空间和运输成本对于经济体的重要作用后，以克鲁格曼为代表的国际经济学和城市经济学等学者开始把空间的因素引入经济学的主流模型中，并引起了经济学界的重视。新经济地理学中具有代表性的研究经济发展的空间效应的作品是克鲁格曼发表于 1991 年的《规模报酬递增与经济地理》。该文成功地把空间的因素通过运输成本的形式引入迪克西特—斯蒂格利茨的不完全竞争框架之中，从而解释了当两个区域各方面条件均近似相同时经济会向一个区域集聚的现象。并以区域的经济格局深入地刻画了经济发展的空间效应。

综合来看，新经济地理学的产生和发展为经济发展的空间效应提供了很好的理论基础，其对空间效应的理解主要是由于不完全竞争、规模收益递增和运输成本的存在而导致的经济发展中呈现出的不同的格局，并为各种格局的形成提供了理论上的解释。但是用新经济地理学解释中国的城镇化问题还需要做出进一步的改进：在假设上，新经济地理学的工业化和城镇化同步的假设同中国的现实情况不符；同时，中国城镇化的初始阶段更接近于二元经济理论的初始假设，同新经济地理学中两个区域基本情况相同的假设依然有所不同。

2.4 空间计量经济学对空间效应的测度

2.4.1 空间计量经济学理论

20 世纪 70 年代以来，空间计量经济学逐渐成为区域分析方法的重要支撑，成为区域经济学家挖掘和解释空间经济现象的重要工具（沈体雁、冯等田、孙铁山，2010）。

1. 空间计量经济学的兴起与发展

空间计量经济学兴起于 20 世纪 70 年代，费希尔（Fisher）于 1971 年在《区域和城市经济》（*Regional and Urban Economics*）发表了名为"具有空间相关性的计量经济学估计"（Econometric Estimation with Spatial Dependence）的文章，是最早涉及空间经济计量的文献之一（Anselin L. ，2007）。让·佩林克（Jean Paelinck）和利奥·克拉森（Leo Klaassen）于 1979 年最早提出"空间计量经济学"的概念，同年，巴特尔斯（Bartels）和凯特拉珀（Ketellapper）出版了名为《空间数据的探索性和解释性分析》（*Exploratory and Explanatory Analysis of Spatial Data*）的著作，班尼特（Bennett）出版了《时空序列》（*Spatial Time Series*）的著作。这两本书将空间和时空数据分析推向了研究的中心和前沿。霍迪克（Hordijk）在《区域科学协会文集》（*Papers of the Regional Science Association*）上发表了"空间计量经济关系估计中的几个问题"（Problems in Estimating Econometric Relations in Space）的重要论文。由于以上学者的努力，1979 年被认为是空间计量经济学的历史起点（Anselin L. ，2009）。20 世纪 90 年代之后，空间计量经济学得到了飞速发展。从驱动因素上来看，主要受到两方面的驱动：在理论方面，包括理论经济学对个体的相互作用如何导致集体行为和模式的关注以及一些如区域科学、城市经济、经济地理等学科对"空间"因素的关注，一些新的空间统计理论和空间计量理论的完善，如 GMM 估计和贝叶斯（Bayesian）估计的引入，检验方法的拓展等；在应用方面，空间统计软件和 GIS 的结合使用使得空间数据分析做到了有效存储、快速恢复和可视化表达（陈斐，2008）。

经过安瑟林（Anselin）、布鲁肯（Bruecckne）、凯尔健（Kele-jian）、海宁（Haining）和凯斯（Case）等学者的不懈努力，空间计量经济学理论得到了长足的进步，形成了目前空间计量理论的主要框架。目前，国外关于空间计量经济学的研究主要侧重于方法，同时结合一定实证对新的方法加以论证。如艾尔霍斯特等对高阶空间自相关模型作出研究并给出了不考虑空间高阶自相关实质意义的数学算法（Elhorst J. P.，Lacombe D. J. & Piras G.，2012）。凯尔健等对包含空间滞后和误差模型的最小二乘估计效率进行了研究，发现最小二乘估计方法是次优的（Kelejian H. H. & Prucha I. R.，2007）。

2. 空间计量经济学理论概述

安瑟林（Anselin，1988）给出了适用于横截面数据的空间线性计量模型的通用表达形式，可以统一将空间线性回归模型表达为：

$$\begin{cases} y = \rho W_1 y + X\beta + \varepsilon \\ \varepsilon = \lambda W_2 \varepsilon + \gamma W_3 \mu + \mu \\ u \sim N(0,\delta) \\ \delta_{ii} = \delta^2 h_i(z\alpha) \end{cases} \quad (2-2)$$

3. 空间计量经济理论在中国城镇化问题的应用

随着空间计量建模技术的不断完善，空间计量经济学越来越受到青睐，并从 2010 年开始掀起一股"空间热"，至今未衰。具体应用到中国城镇化问题方面，学者们主要运用该方法分析中国城镇化的影响因素、城镇化同经济增长的相互关系等问题。

在城镇化同经济增长的相互关系方面，虽然根据亨德森的观点，城镇化本身并不会引起经济增长（Henderson J. V.，2010），但是国内学者还是从不同的角度出发，利用空间计量的手段探讨了城镇化同经济发展之间的联系。如王家庭等探讨了城市人口规模和产业结构对经济增长的影响（王家庭、贾晨蕊，2009）。吕健从城市投资、消费和政府购买的角度讨论了城镇化对经济增长的作用（吕健，2011）。刘华军等实证测度了城镇化对经济增长的空间溢出效应（刘华军、张权、杨骞，2014）。

2.4.2　空间相关性与空间异质性

1. 空间相关性

空间相关性主要表现在两个方面：一是空间相互影响，即空间外部性（spatial externality）、临近效应（neighborhood effect）等造成计量模型中被解释变量的相关性，这种相关性通常被称为空间实质性相关；二是由于忽视了空间影响而造成模型残差之间存在相关性，这种情况通常被称为空间扰动相关性（Elhorst J. P.，Lacombe D. J. & Piras G.，2012）。

2. 空间异质性

空间异质性主要反映在模型结构性的差异上，并且可以用经典计量经济学的基本方法进行处理，例如异方差问题、Panel data 模型的变系数方法、随机系数方法及系数扩展方法等来处理。

通过对"空间效应"的理解可以看出，空间效应具有丰富的内涵。总体上可以归纳如下：空间效应指的是由于区域间社会经济活动的相互作用而导致的经济社会空间格局以及对以往格局造成影响，使其发生变化。研究空间效应，不仅需要明

确现有的空间格局是什么，还需要明确现有格局的形成原因和
过程。

2.5 对城镇化空间效应的进一步诠释

2.5.1 对城镇化的认识

城镇化，或称为城市化（urbanization），指的是"二三产
业在城镇聚集，农村人口不断向非农产业和城镇转移，使城镇
数量增加、规模扩大，城镇生产方式和生活方式向农村扩散，
城市物质文明和精神文明向农村普及的经济、社会发展过程
（简新华、何志扬、黄锟，2010）"。国外使用的"urbaniza-
tion"一词，实际上包含了农村人口向城市和城镇转移两个意
思，但由于有的国家没有镇的建制，"urbanization"中人口往
往流向了"city"，故称为"城市化"。在中国，由于有镇的建
制的存在，农村人口在向城市转移的同时也向城镇转移，故而
也可将"urbanization"称为"城镇化"。事实上，"城市化"
和"城镇化"均指"urbanization"，后文统一用"城镇化"一
词来表征这一过程。为了特意强调城镇化中人的作用，有学者
又将城镇化的概念分为广义和狭义两种，狭义城镇化单指人口
城镇化，广义城镇化则包含以上全部学科视角的概念（王桂
新，2013）。

这里的城镇化涉及以下两个方面的过程。

第一，城镇化是农业人口转化为工业人口的过程，主要体
现在农业人口的减少和工业及服务业人口的增加上。这个过程
同工业化和现代化进程密切相关。劳动生产率的提升造成了农

业劳动力的剩余和工业及服务业的崛起，这必然促进农业人口向非农业人口转化，由农民转化为从事其他职业的人。因此后文中提到的城镇化，含有农业人口转变为非农业人口的过程。另一个表现是农村人均收入提升的过程。根据二元经济理论，收入的差距是农业人口转化为非农业人口的直接原因，在不存在城乡二元制度的影响下，随着城市化率的不断提升，农民的收入会随之增加，最后同城市人口的工资趋同。[①]

第二，从空间上来看，城镇化是人口向城市集聚的过程。这个过程的主要体现是农村人口向城市人口流动，以及城市数量的增加和人口规模的扩大。[②] 这个过程在中国受到了户籍制度的限制，常年来，城市偏向的公共政策限制了农业人口向城市的流动，同时也造成了在城市内部原住民和流入城市的农民之间在公共服务和基础设施上分配的不平等，从而造成了城市内部的"二元化"。在分析长江经济带城镇化时同样需要注意该现象。

总的来看，本书中的城镇化的概念主要借鉴了经济学和新经济地理学上的说法，从产业和空间角度来定义的。但是在进行公共政策分析时，以上两个定义显然不能满足我们衡量和评价一个公共政策好坏的要求。为此，需要进一步对城镇化的价值判断进行研究。结合《新型城镇化规划（2014—2020 年）》，新型城镇化主要应以人的发展为核心，注重提高城镇化的发展质量并着力于解决发展过程中的不协调问题，因此，拟对城镇

---

① 然而，这并不意味着城镇化本身和经济增长存在因果关系。见 Henderson (2009)，Cities and Development，NBER working paper.

② 可惜的是，以城镇人口占常住人口的比重为统计标准时，户籍制度的存在使得部分农村剩余劳动力没有享受到城镇化的成果。

化的评价提出以下标准。

第一，城镇化应是以人为本的。城镇化的本质在于社会整体生活质量的提高和区域可持续发展，其最终目标是实现城乡一体化，消除城乡二元结构，真正实现人的城镇化。

第二，城镇化应是追求效率的。城镇化进程中要实现资源环境等各种要素的最少投入，要实现国土空间的最优利用，要满足各种资源的合理配置。对于城市建设，则要减少交通拥堵、环境污染、住房紧张和就业困难，实现城市的精明增长。

第三，城镇化应是协调的。优良的城镇化应是各个方面发展的协调统一，要促进城市和农村的协调发展，促进区域之间的协调发展，促进生态环境和经济发展之间的协调，促进人类和自然之间的协调发展，促进长期效益和短期效益之间的协调。这就要求城镇化不能单纯追求某个方面的成绩而忽略对其他方面建设，要讲求多个方面的共同绩效。

第四，城镇化是可持续的。具有较高质量的城镇化的发展，应不以危害子孙后代的利益为基准，讲究追求现有资源的高效利用和对资源环境的重点保护。

2.5.2 对城镇化空间效应的认识

城镇化的空间效应衍生于经济发展的空间效应，主要指城镇化的过程中所形成的空间格局，影响城镇化的各种因素和城镇化过程本身以及不同区域之间的相互作用对这种空间格局的影响。对中国的城镇化格局的研究在地理学界已有较为成熟的讨论和数量很多的文献，但是多年的讨论没有形成一致的结论，同时，对城镇化空间效应的作用机制的介绍也不是很明确。具体而言，对城镇化的空间效应的讨论主要围绕人口的空间分布格局和城市的空间结构两个方面展开。

1. "胡焕庸线"与中国人口空间分布格局

关于中国城镇化的空间格局最早的描述可以追溯到胡焕庸的《中国之人口分布》一文，文中提出的"瑷珲—腾冲"线，中国有96％的人口分布在线的东南，其余的分布在线的东北，形象刻画了中国人口分布的空间格局。"胡焕庸线"在某种程度上也是中国城镇化水平的分割线，在线的东南部分，各省市的城镇化水平大部分高于线的西北各省市的城镇化水平。"胡焕庸线"在我国人口学和地理学上具有重大的意义，对后来城镇化问题的研究也产生了深远的影响。对中国城镇化的空间格局的相关研究，基本也在胡焕庸先生的框架之内。对于本书而言，城镇化的空间格局作为城镇化空间效应的直接体现，因此不可避免地会涉及对长江经济带城镇化空间格局的讨论。

2. 关于城镇化空间结构的争论

国内相关研究主要集中在空间分布与演化和城镇体系建设两个方面。在城镇化的空间布局和演化方面，蒋云红对美国城镇化过程中城市商业空间组织的演变做出研究，发现商业的大型化与郊区化倾向影响着整个大城市区的商业模式（蒋云红，1991）。安虎森证明了区域经济发展中存在空间二元结构，并结合城乡边缘地带的特点提出了区域经济发展的三元空间结构（安虎森，1997）。陆大道等研究了20世纪90年代到21世纪初中国"冒进"式的城市化进程中的空间失控现象，提出资源节约型的可持续城镇化道路（陆大道、姚士谋、李国平等，2007；陆大道，2007）。刘彦随等对20世纪90年代以来中国县域城镇化的空间格局进行研究，发现中国城镇化水平呈"人"字形格局（刘彦随、杨忍，2012）。在城镇体系建设方面的研究并没有形成统一的结论。费孝通认为，应主要发展小城镇（费孝通，1984；1996）；王小鲁等认为，应主要发展大中型城市（王小鲁、夏小林，1999）；周一星认为，应实行"多元化"的模式（周一星，1992）；吴良镛等提出城市区域的概念，认为应促进一体化发展（吴良镛，1995；殷毅、曾文，2006）。

由以上梳理可以看出，关于城镇化的空间结构无论是国外还是在国内均未形成较为统一的观点，城镇化的空间结构也应该是一种因地制宜的布局，不能千篇一律。目前，中国经济已步入了新的发展阶段，新的城镇化政策已启动，关于未来的城镇化的空间格局，是值得进一步探讨的。

3. 进一步诠释

对于本书而言，研究城镇化的空间效应，最直接的是研究城镇化过程中的空间依赖和空间异质现象，并指出这种现象产生的原因，以及由于空间效应而形成的空间格局及其对空间格局演化的影响。本书涉及的城镇化的空间依赖现象，主要指的是：由于人口的城乡流动而造成的区域之间的相互作用和相应的空间组织形式，如空间趋同或者是地域的俱乐部趋同现象；由于距离的存在而造成的城镇化过程中的空间溢出现象，如空间溢出效应和空间临近效应；不同区域的空间相互作用而产生的空间相互依赖。本书涉及的城镇化的空间异质现象，主要指的是：由于区域政策和空间相互作用造成的"核心—边缘"的空间结构；由于"核心—边缘"的空间结构造成的区域差异或区域不平衡问题。然而，要清晰地研究以上问题，首先需要判断城镇化的空间分布模式和空间结构类型，其次必须探究城镇化的空间依赖和空间差异的根本原因，再来引入空间计量的技术分析其影响因素和影响机制。更为根本的，由于城乡收入的差异是造成农民向城市转移的直接原因，我们同样需要构建一个框架来进一步研究城乡收入差距和城镇化的空间形态之间的关系。

总的来说，城镇化的空间效应可以归结为三个方面：城镇化的空间格局和空间结构问题、城镇化空间格局的形成问题以及城镇化过程中的空间溢出效应。其中，城镇化的空间结构问题主要指城镇化过程形成的空间格局，包括城镇化水平的空间格局、城市体系的规模格局以及城市的经济分工格局三个方面；城镇化空间格局的形成机制，主要是借鉴二元经济理论和新经济地理理论来解释城镇化过程中不同空间格局的形成机制以及区域和城市之间相互作用的机理；城镇化过程中的空间溢出效应，主要关注城镇化过程中区域间的空间依赖和空间异质现象。

2.6　小结

随着中国新型城镇化规划的发布，以及各地户籍制度的改革，中国的城镇化必将迈入一个新的阶段。尽管以往对城镇化已经有着深入和广泛的研究，但是对城镇化的空间效应的研究和定义一直处于较为模糊的地带。本章主要围绕以上问题，从空间效应的概念入手来对城镇化的空间效应做出系统的梳理，希望能为城镇化的空间效应的研究提供较为清晰的研究范畴。通过梳理发现，对城镇化的空间效应的研究主要集中在三个方面，分别是城镇化的空间格局和空间结构问题、城镇化空间格局的形成问题以及城镇化过程中的空间溢出效应。

第3章 劳动力转移视角下的
城镇化空间效应实现机理

城镇化和工业化就像是一枚硬币的正反面，技术和制度的创新推动全要素生产率的发展，并进一步促进经济增长，这个过程为工业化，与之伴随的农业生产率的提升和大量农民向城市集聚的过程是城市化。所以对于城镇化空间效应的关注，实际上可以从劳动力的城乡和区域的转移的视角下进行。以刘易斯（Lewis W. A.）等为代表的二元经济理论对劳动力的城乡转移具有很好的解释力，但是二元经济理论却没有考虑到城镇化的空间效应。新经济地理学考虑到了空间的影响，但是与中国或长江经济带的实际却又不符合，克鲁格曼的模型中人口是自由流动的，运输是直运的而非带状的。所以，接下来将把二元经济理论和新经济地理理论结合起来，建立一个含有户籍制度的经济集聚模型，来解释长江经济带城镇化的空间格局的成因。

从这个角度来解释长江经济带城镇化的空间效应，又可以从三个层面来进行。从人口的城乡流动而言，人口由农村流入城市主要受到了城市的较高的期望工资的吸引，因此可以看成封闭条件下的转移情况，这是第一个层面。在考虑到人口在不同的地区之间的流动时，就必须要加入地区之间的相互作用，目前长江经济带的人口主要呈由"边缘区"向"核心区"单向转移的态势，因此，可以借用两个地区的开放模型加以解释，这是第二个层面。考虑到长江经济带的带状经济特性时，人口的流动除了由西部向东部的单向流动外，还要经过中部地区，中部距离东部和西部距离东部的经济距离不同，产业结构及其空间分工也存在差异，因而需要考虑三者相互作用下的人口流动情况，这是第三个层面。针对以上三个层面，可以分别建立封闭条件下的模型、开放条件下的模型以及多区域条件下的模型三种模型来解释。

3.1　模型框架与基本假设

为了进一步说明城镇化的空间效应的机理，可以把二元经济模型和新经济地理模型联系起来，因此在模型假设上存在二元经济模型和新经济地理模型的相同和相似之处，但同时也存在不同的地方。为了模型更加明晰，需要先整体说明模型的基本假设和框架，而后，在此基础上再来分析长江经济带城镇化的空间效应问题。

3.1.1　基本框架

针对不同的条件建立了不同的模型框架，在分析人口的城乡移动和在两个区域之间移动时，模型是建立在 $2 \times 2 \times 2$ 的基础上的，即存在两个地区、两个部门和两种生产要素。两个地区指城市和农村，或者核心区域与边缘区域；两个部门指的是工业和农业两个生产部门，两种生产要素分别指资本和劳动力。在考虑到三个地区时，模型是建立在 $3 \times 2 \times 2$ 的基础上的，即存在三个地区，两个部门和两种生产要素。除了部门分为东部、中部和西部外，其余表述均与 $2 \times 2 \times 2$ 模型相同。

3.1.2 基本假设

1. 农民城乡流动的动力

与新经济地理理论不同，在考虑人口城乡流动时采用了刘易斯模型的假设，认为农村存在大量的剩余劳动力，他们只拿到较低的生存工资；人口城镇化的动力为对城市高工资的向往。由于农民已知户籍的差异会限制他们工资水平的提高，造成同市民工资之间的差异，因此期望工资等于在城市工作的农民的工资，这同哈里斯—托达罗的模型类似。最终决定移民达到均衡的是在城市工作的农民（即非完全移民）同市民之间的福利差距，具体由劳动力竞争效应和生活成本效应两种效应组成，劳动力竞争效应指城镇劳动力增加造成工作的竞争，并导致城市名义工资水平的降低；生活成本效应指由于劳动力数量和厂商规模的增加导致的实际工业品价格的下降和产品的多样化。

2. 户籍歧视

户籍歧视通过在城市工作的市民和农民的工资的差距来表现，当然，实际中户籍歧视是多样的，本书中的户籍歧视可以分为就业歧视和生活歧视两大类。就业歧视主要指在就业过程中，单位以户籍制度为限制要求，拒绝雇用或者以比城市工人低的工资雇用具有农村户口的劳动力。具体而言，包括三种情况：第一种是同等条件下，某些单位拒绝雇用具有农村户籍的劳动力；第二种是从事同样工作的农村劳动力和城市劳动力享有不同的工资，即"同工不同酬"；第三种与"同工不同酬"

的情形类似，即农村劳动力和城市劳动力享有不同的福利和社保条件，是一种隐性的"同工不同酬"。生活歧视指在城市工作的农村劳动力因没有享受到城市提供的基础和公共服务而具有更高的生活成本以及其他在生活方面隐性的歧视，具体而言，可以划分为三个类型：第一种是限制型，如限制农村劳动力在城市购买住房，限制具有农村户籍的适龄儿童进入城市学校读书，限制农村劳动力购买汽车等；第二种是差异的公共服务和基础设施，指在同样的情况下城市居民能够获得更多的城市的公共服务补贴和基础设施服务，如在城市工作的农民多生活在城市的边缘区域，或"城中村"中，无法享有同等的社区服务，居住环境和基础设施也不如城市市民等；第三种是补贴型，指相比在城市生活的农民，城市的"原住民"能够享有更多生活补贴以降低自己的生活成本，比如农民和城市居民在社会、医疗保险的不同，某些特定面向城市户籍居民的补贴，如公租房、廉租房等。

从户籍歧视产生的结果来看，在两方面对城市和在城市工作的非完全转移农民产生影响：一是造成了城市和农民的名义工资的差异，可以通过"同工不同酬"、各种名义上的"补贴"来起作用；二是各种公共服务和基础服务的差异以及隐性的补贴造成城市户籍居民和非完全转移农民之间生活成本的差异，从而造成了他们的实际工资是不同的。可以使用一个指数 λ 来衡量城市户籍居民和非完全转移农民工资之间的差异，也是城乡户籍歧视的间接反映。λ 的值等于非完全转移农民同城市户籍居民工资之比，λ 值应在 $0 \sim 1$ 之间，越接近于 1，表明由于户籍制度导致的工资差异越小，户籍歧视也越弱。

3.2 封闭区域中的劳动力城乡转移

不考虑对外贸易的前提下，可以建立一个简单的封闭的集聚模型来说明在存在户籍歧视的条件下，一个地区的城乡之间的经济发展情况以及人口城镇化的过程。这个过程的简要逻辑为：户籍歧视制约了那些在城市工作的农民的工资水平，但是这个工资依然高于持有"生存工资"的农村剩余劳动力。农村的剩余劳动力对城市工资的预期构成了向城市移民的第一动力，开始向城市集聚并引发集聚经济的连锁反应，最终在本地效应和价格指数效应构成的集聚力和竞争效应构成的分散力相等时达到均衡，此时经济进入刘易斯第一拐点，但此时农村剩余劳动力并未全部转移。随后，城市的平均工资开始上涨（包括市民和在城市工作的农民），并进一步引起农村人口向城市的集聚，直到农村的边际生产率同城市的相等，此时经济达到刘易斯第二拐点。

封闭条件的人口转移模型也是在以上逻辑下进行的，有趣的是，户籍制度的存在给二元经济的存在提供了很好的实际支撑，同时我们将看到，限制人口自由流动的行政制度是怎样进一步扭曲市场的资源配置的，户籍制度的存在使刘易斯拐点较早地来临了，即部分剩余劳动力由于户籍制度的存在而无法进一步向城市转移，我们将之称为户籍歧视效应。当然，作为必要的背景，需要对我国的城乡差距和户籍制度做出简要的解释。

3.2.1　城乡差距、非完全移民与户籍制度：一个简要的解释

城乡收入差距是经济学研究的经典命题。库兹涅茨首先提出了，随着经济的发展，城乡收入会呈现倒 U 形轨迹，随后相关的研究很多。中国城镇化发展过程中最大的特色便是行政政策的作用，城市偏向型政策和户籍制度进一步造成了城乡发展的鸿沟，而户籍制度对农民的福利和工资的歧视更造成了在城市工作的农民和市民之间身份的不平等，并且这种不平等甚至扩大到了社会和文化观念层面。在相当长的时间里，"城市户口"成为一种身份或阶层的象征。尽管后来观念逐渐转变，城乡收入差距和城乡消费差距却进一步扩大，并且在一定程度上造成了中国基尼系数的扩大。即使在城市内部，教育的差别使得在城市工作的农民更多从事技术含量较少的工作，与城市市民的工资差距也没有缩小。其结果，户籍约束下的中国城镇化正面临着这样的局面：作为一种标志性的壁垒，户籍制度促成了越来越大的城乡差距和城镇化相对于工业化的滞后；但是随着各地对农民向城市流入管制的放松，其作为一种区分标志限制了农民享有同城市市民同等的福利待遇，从而把城乡二元制度延伸到了城市内部的二元制度，造成了中国城镇化过程中"双二元"格局的出现。在此使用"非完全移民"这个词来形容在城市工作的农民。

户籍制度是中国城镇化"双二元"格局的主要原因却并非唯一原因，从某种层面上来说，其实是中国城乡二元制度的典型代表。新中国成立初期的重工业优先发展战略对后续的一系列城乡分割的制度安排产生了深远影响，重工业导向的发展

战略是城乡二元结构的根本原因（陈斌开、林毅夫，2010）。可以看出，尽管学者们对城乡二元结构政策原因的分析存在争议，但是对于政策导向造成城乡二元结构的观点是一致的。实际上，从重工业优先发展、城市偏向型政策以及户籍制度等政策的相互融合衍生影响，逐渐筑成了分割城乡的巨大壁垒，这使得更多的资源优先流向城市，并对市场的作用机制产生影响，产生了城镇化滞后和城乡差距的"户籍制度效应"，除直接造成以上两种现象外，还带来了观测不到的间接损失，因而其对城乡差距的实际效应要比统计数据上的大。在本书的框架中，户籍制度除对工资弹性产生影响外，还通过竞争效应和价格指数效应对城镇化水平产生影响。

3.2.2　代理人行为分析

在此除明确指出外，其余假定均与克鲁格曼的新经济地理模型的假设相同（Krugman P.，1991），因而不再重复说明。

1. 消费者行为

假设经济中存在三个消费群体，分别是农民 L_A、工人 L_C 和非完全移民 L_B，非完全移民在城市工作，但是拥有农村户口，由于户籍歧视享有低于工人的工资。L_A、L_B 和 L_C 满足人口条件：$L_A + L_B + L_C = L$。所有的消费者具有相同的偏好，消费者效用函数可以表示为 $C - D$ 函数形式：

$$U = \mu \ln C_M + (1 - \mu) \ln C_A , \quad C_M = \big[\sum_{i=1}^{n} c_i^{\frac{(\delta-1)}{\delta}} \big]^{\frac{\delta}{(\delta-1)}}$$

$$(3-1)$$

其中，C_M 表示一组工业品组合，δ 为任意两种工业品之间的替代弹性，满足 $\delta > 1$。C_A 表示农产品组合，假设所有农产品同质，且在同一地区售价相同为 p_A。典型的城市消费者面临的预算约束为：

$$p_A C_A + P_M C_M = y, \ P_M = \Big[\sum_{i=1}^{n} p_i^{-(\delta-1)} \Big]^{\frac{-1}{(\delta-1)}} \quad (3-2)$$

P_M 表示工业组合的价格指数，在给定预算约束的条件下最大化消费者的效用，可得消费者的需求函数：

$$C_M = \frac{\mu y}{P_M}, \ C_A = \frac{(1-\mu)y}{p_A}, \ c_i = p_i^{-\delta} P_M^{\delta-1} \mu y \quad (3-3)$$

式（3-3）代入式（3-1），可得到城市消费者的福利，用间接效用函数为：

$$V = \mu\ln\mu + (1-\mu)\ln(1-\mu) + \ln y - \mu\ln P_M - (1-\mu)\ln p_A \quad (3-4)$$

同理，我们可以写出农民的需求函数：

$$C_M^* = \frac{\mu y^*}{P_M^*}, \ C_A^* = \frac{(1-\mu)y^*}{p_A^*}, \ c_i^* = p_i^{*-\delta} P_M^{*\,\delta-1} \mu y^*$$

$$(3-5)$$

农民的间接效用函数为：

$$V^* = \mu\ln\mu + (1-\mu)\ln(1-\mu) + \ln y^* - \mu\ln P_M^* - (1-\mu)\ln p_A^*$$

$$(3-6)$$

农村只生产农产品，城市只生产工业品，其中，农村和城市贸易存在萨缪尔森的冰山交易成本 τ（$\tau > 1$）。则对于农产品和工业品的价格有：$p_A = \tau p_A^*$，$p_i^* = \tau p_i$，$P_M^* = \tau P_M$，假设所有工业产品同质，所以 $P_M = p_i n^{1/(1-\delta)}$。

2. 农业部门生产行为

农业部门为规模报酬不变部门，生产单位农产品需要投入 α_A 单位的农民，在一国未完全完成工业化之前，农业部门有大量的剩余劳动力，同时农业部门必须使用较低的生产技术以保证所有的农民都能就业。假定生产需要的有效农民数量为 L_A，则有效农民的比重为 $\theta = L_A/(L_A + L_B)$，该国生产一单位农产品需要投入的农民数量为 α_A/θ（倪鹏飞、颜银根、张安全，2014）。农产品的产量可以表示为 $x_A = L_A\theta/\alpha_A$。农产品的去向有两个：一个是农民自己消费掉，另一个是运到城市去销售。在农产品市场上，农产品的售价即为农民的总收入，所以有 $p_A x_A = w_A L_A$，单位化农产品在农村的价格和农业生产的单位劳动投入，可得 $w_A = \tau\theta$。

3. 工业部门生产行为

工业部门为 D - S 垄断竞争的市场结构，一种产品只由一个企业生产。企业生产单位产品需要消耗 f 单位的固定劳动投入和 α 单位的边际劳动投入（何文，2013），所以单个企业的生产成本函数为：$TC = (f + \alpha x_i)\, w$，其中，$w$ 为支付给工人的平均工资，由非完全转移农民的工资和工人工资加权平均得到：$w = (\lambda w_C L_B + w_C L_C)/(L_B + L_C)$，$w_C$ 为城市工人的工资，λ 为体现非完全移民和城市工人工资差距的因子，满足 $0 < \lambda \leqslant 1$，λ 的大小取决于户籍歧视的程度，户籍歧视越强，λ 越小。相应的，w 满足 $w_A \leqslant w \leqslant w_c$。企业的利润函数为 $\pi = p x_i - (f + \alpha x_i)\, w$，假设产品的种类足够多，则可以得到产品的最优定价为：

$$p_i = \frac{\alpha w \delta}{(\delta - 1)} \qquad (3 - 7)$$

令 $\pi = 0$，得到企业的均衡产量为：

$$x_i = \frac{f(\delta - 1)}{\alpha} \qquad (3 - 8)$$

此时，每个企业使用的劳动力数量为 $f\delta$，工业品的种类数为 $n = (L_B + L_C)/f\delta$。

3.2.3　城乡福利差异与劳动力转移

1. 市场出清

市场出清的条件为所有劳动者的收入等于消费总支出。城乡市场出清的条件为农产品和工业品两种产品均处于均衡状态。对于农产品则有：

$$(1 - \mu)w(L_B + L_C) = w_A L_A \tag{3-9}$$

从而得出市场出清时城市消费者的平均工资水平为：

$$w = \frac{\tau\theta L_A}{(1 - \mu)(L_B + L_C)}, \quad w_C = \frac{\tau\theta L_A}{(1 - \mu)(\lambda L_B + L_C)},$$

$$w_B = \frac{\lambda\tau\theta L_A}{(1 - \mu)(\lambda L_B + L_C)} \tag{3-10}$$

其中，w_B 表示非完全移民的工资，由于只存在农产品和工业品两个市场，因此，农产品市场出清也意味着工业品市场出清。

2. 市民、非完全移民和农民的福利分析

由式（3-4）、式（3-6）、式（3-10），可以进一步对代理人的福利函数进行化简，所得结果如下：

市民的福利函数为：

$$V_C = \mu\ln\mu + (1 - \mu)\ln(1 - \mu) + \ln w_C - \mu\ln P_M - (1 - \mu)\ln\tau \tag{3-11}$$

非完全移民的福利函数为：

$$V_B = \mu\ln\mu + (1 - \mu)\ln(1 - \mu) + \ln w_B - \mu\ln P_M - (1 - \mu)\ln\tau \tag{3-12}$$

农民的福利函数为：

$$V^* = \mu\ln\mu + (1-\mu)\ln(1-\mu) + \ln\theta\tau - \mu\ln P_M{}^* - \mu\ln\tau$$

$$(3-13)$$

可以看出，代理人的福利差异主要来自工资和价格指数之间的差异。另外，消费结构同样会对城乡之间的福利产生影响，从公式的表达项可知，偏向工业品的消费结构会使城乡之间的福利差距拉大。在我国长期以重工业为导向的发展过程中，由于对工业品消费的逐步偏向，城乡差距就会越来越大。

3. 福利差异与移民方程

尽管对非完全移民相对较高的预期构成农村剩余劳动力向城市流动的直接动力，然而，最终有多少非完全移民能够集聚定居到城市，却取决于他们二者之间的福利差距，当非完全移民在城市工作时的福利不高于在农村工作的福利时，就不会选择在或者继续在城市工作，相反，中国安土重迁的传统理念，使他们即使居住在农村的福利比城市的稍差时，也会选择留在农村居住。因此，在我们的理论模型中，决定农村人口不再向城市集聚的条件是居住在城市的非完全移民的福利水平同居住在农村的农民的福利水平相等。下面通过模型参数进一步详细说明。

由以上分析可知，移民方程由非完全移民和农民之间的福利之差决定：

$$\Delta V_2 = \ln(1-\mu) + \ln(\lambda L_B + L_C) + (2\mu - 1)\ln\tau - \ln\lambda - \ln L_A$$

$$(3-14)$$

其中，ΔV_2 表示非完全移民同农民之间的福利差距，当 $\Delta V_2 = 0$ 时，非完全移民的福利同农民的福利相同，农村剩余劳动力向城市转移达到均衡。令 $\Delta V_2 = 0$，可得：

$$\tau^{2\mu-1} = \frac{(1-\mu)(\lambda L_B + L_C)}{\lambda L_A} \qquad (3-15)$$

式（3－15）就是城乡劳动力转移达到均衡时运输成本同消费结构、户籍歧视和劳动力数量之间的关系，只要 $w_B > w_A$，即 $\lambda L_A > (1-\mu)(\lambda L_B + L_C)$，上式均成立。下面着重考虑农民流入城市过程中的各种作用力。由 VB 对 $(L_B + L_C)$ 求微分可得：

$$\frac{dV_B}{d(L_B + L_C)} = \frac{d\ln w_B}{d(L_B + L_C)} - \mu \frac{d\ln p_i}{d(L_B + L_C)}$$

$$+ \frac{\mu}{\delta - 1} \frac{d\ln n}{d(L_B + L_C)} \qquad (3-16)$$

由式（3－16）可知，农民流入城市的过程中受到了三种作用力的影响，可以分别命名为劳动力拥挤效应（竞争效应）、价格指数效应和产品多样化效应。（1）拥挤（竞争）效应：$d\ln w_B / d(L_B + L_C) < 0$。城镇劳动力增加使得寻找工作的竞争加大，导致名义收入水平的降低。（2）价格指数效应：$\mu d\ln p_i / d(L_B + L_C) < 0$。城镇劳动力的增加降低了工业品的价格，提高了城镇居民的实际福利水平。（3）产品多样化效应：$[\mu/(\delta-1)][d\ln n / d(L_B + L_C)]$。劳动力数量增加使工业品种类增加，提高了城镇居民的实际福利水平。以上第一种效应构成了分散力，第二种和第三种效应构成了集聚力。城市会吸纳多少农民最终是以上三种效应相互作用的结果，当集聚力大于分散力时，在城市工作有更多的利润可图，主要表现为农民流入城市，可称之为城镇化过程；当分散力大于集聚力的时候，城市中的拥挤和竞争效应大于农民在城市中享有的福利，故而

人口的主要流向是从城市流出，可称之为逆城镇化过程。

在以上分析中，值得我们思考的是，如果用平均工资代替非完全移民的工资，则有 $d\ln w/d(L_B + L_C) < d\ln w_B/d(L_B + L_C) < 0$，意味着竞争效应变强了。这其实是由更富有竞争力的工资吸引了更多的农民流入城市导致的。从这一点可以得出两条结论：第一，户籍歧视给城市居民提供了一定的保护壁垒，从而减弱了他们在劳动力市场上的竞争。户籍歧视程度越强，对市民的保护壁垒就越强，这也就意味着城乡劳动力市场分割越严重。第二，放松户籍歧视，增加非完全移民的工资会促使更多的农民向城市流入，从而造成城市劳动力市场上的竞争，并同时提高城镇化水平。反过来看，户籍歧视实际上制约了我国城镇化水平的提升。基于此，在我国确定了城镇化战略之后，2014 年 7 月，国务院正式公布《关于进一步推进户籍制度改革的意见》。

3.2.4 城镇化发展的两个阶段

根据刘易斯的二元经济理论，二元经济城镇化的过程会经历两个阶段，分别对应刘易斯第一拐点和刘易斯第二拐点。在本书农村剩余劳动力向城市转移的过程中，同样存在刘易斯第一拐点和第二拐点，具体分析如下。

由于模型中城镇化的过程主要由非完全移民 L_B 所体现，决定 L_B 最终状态的是非完全移民和农民的福利之差 ΔV_2，因此，可以用 ΔV_2 对 L_B 求微分来具体分析这一城镇化过程。ΔV_2 对 L_B 进行微分可得：

$$\frac{d\Delta V_2}{d(L_B)} = \frac{d\ln \frac{w_B}{w_A}}{dL_B} = \frac{1}{L_B}\left(\frac{L_B}{w_B}\frac{dw_B}{dL_B} - \frac{L_B}{w_A}\frac{dw_A}{dL_B}\right)$$

$$= \frac{1}{L_B}(1 + \frac{\lambda}{\lambda + L_C/L_B}) \qquad (3-17)$$

令非完全移民的劳动对工资的供给弹性为 e_{WB}，农民的劳动工资弹性为 e_{WA}，则可得：

$$e_{WB} - e_{WA} = 1 + \frac{\lambda}{\lambda + L_C/L_B} \qquad (3-18)$$

式（3-18）是一个关于劳动供给弹性、户籍歧视强度和市民数量和非完全移民数量的等式，可以用来表征不同的非完全移民和农民的福利差距下的城镇化进程。结合刘易斯的二元经济理论，这个进程同样可以分为两个阶段，对应二元经济理论的第一阶段和第二阶段。

式（3-18）中，e_{WB} 表示非完全移民劳动力对工资的供给弹性，它实际上与农村剩余劳动力对工资的供给弹性相等；e_{WA} 表示有效农民对工资的供给弹性，$e_{WB} - e_{WA}$ 表示的是农村剩余劳动力的真正供给弹性，他们面临着去城市打工和继续留守在农村的抉择。当然，短期内 e_{WA} 是固定不变的，当劳动力处于无限供给的状态时，$e_{WB} - e_{WA}$ 仍然为无穷大。但是长期来看，随着农业的技术进步和边际生产率的提升，e_{WA} 会变得越来越富有弹性，这是因为技术进步会释放更多的劳动力，同时，e_{WB} 会变得越来越缺乏弹性，直到二者之差为1，此时，剩余劳动力对于在城市打工和继续留在农村均不敏感，经济基本实现一元化。

式（3-18）的右边表示的是其他因素对剩余劳动力供给的影响，具体包括户籍歧视和城市人口同非完全移民的比重。如图3-1所示，当存在户籍歧视时，劳动力供给曲线会向左边旋转，这意味着其他条件相同时，存在户籍歧视会使部分农村剩余劳动力放弃去城市工作的想法，从而同等的劳动生产率下，存在户籍歧视的劳动供给量比不存在户籍歧视的劳动供给量少。L_C/L_B 反映的是劳动力市场的竞争，二元经济刚开始时 L_B 的数量非常大，因而供给富有弹性（本书中趋近于2），随着剩余劳动力的不断转移，L_B 的数量开始变小，劳动供给开始变得缺乏弹性（本书中表现为逐渐趋近于1），当劳动供给弹性等于1时，剩余劳动力变得对在农村还是城市工作不敏感，二元经济基本实现一元化。

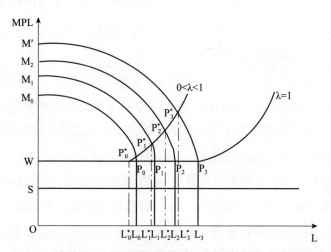

图3-1　存在和不存在户籍歧视时的二元经济劳动力转移模型

以上分析主要描述了存在户籍歧视的条件下的劳动力供给情况，由此可以得出本书的一个基本结论。

结论1：户籍歧视的存在使农村劳动供给变得缺乏弹性，它降低了农村剩余劳动力的供给，并制约了城镇化水平的提升。

由此可以推出：当减少户籍歧视时，会使劳动供给变得富有弹性，同时提升城镇化水平。

接着，结合图3-1具体分析二元经济城镇化的两个阶段的劳动力流动情况。

1. 城镇化的第一阶段

在二元经济的初始阶段，农村存在大量的剩余劳动力和隐性失业，他们只能拿到维持生活的基本工资。放开户籍管制后，农村剩余劳动力趋于无限供给状态，只要城市能够提供稍微高于"生存工资"的工资，便会对剩余劳动力产生足够的吸引，在价格指数效应和产品多样化效应构成的集聚力作用下，大量的剩余劳动力向城市转移成为非完全移民，但是在这个过程中，户籍歧视的存在又使他们在城市生活面临着较高的成本，因此，部分剩余劳动力选择继续留在农村或者由城市转回农村工作，从而劳动供给量比不存在户籍歧视时要小。这个过程会一直持续到非完全移民的工资等于带有户籍歧视的市民的工资时为止。此时，二元经济达到刘易斯第一拐点，劳动力供给开始变得缺乏弹性。

当然，以上分析是理论模型的结果。实际生活中，往往通过劳动力质量和数量两个方面的供给来体现。在劳动力数量方面，主要表现为农民工数量的爆发式增长，据统计，户籍制度放开后，2015 年，中国农民工数量达到了 2.74 亿人，每年以近千万的速度增加。在劳动力供给的"质"方面，主要对农村家庭分工产生影响。由于农业生产存在土地边际生产规模递减的效益，同时，我国人多地少的现实决定了只要很少的劳动力就可以完成基本的农田耕作工作，因此，这部分工作由农村家庭中的妇女、儿童和老人来主要负责，大部分青壮年劳动力则只在农忙时节返回农村协助他们工作，产生了诸如"留守儿童"等一系列社会问题。同时，户籍制度的限制使得非完全移民搬到城市居住面临着较高的成本和较差的环境，所以更多的人愿意安家于农村,这又催生了另一个我国的特色现象——春运。当扭曲配置的资源遭遇一贯的传统,便产生了每年几十天内十几亿人次迁移的壮观景象。

2. 城镇化的第二阶段

当农村剩余劳动力供给的弹性不再是无限大时,二元经济进入了城镇化的第二阶段。此时,农业边际劳动生产率为正,由于农业部门和工业部门在工资上开始存在竞争,农村剩余劳动力的产生主要由农业生产技术的提升和规模化运作提供。此时,非完全移民的工资曲线对应的是图 3 - 1 的向上转折段。但是,户籍歧视的存在使二元经济更早到达刘易斯第一拐点,同时,劳动供给曲线也变得更为陡峭。此时,尽管仍有农村剩余劳动力流入城市,但是数量相比于二元经济的初始阶段会大大减少,$e_{WB} - e_{WA}$ 开始逐步趋近于 1,直到 $e_{WB} - e_{WA}$ 等于 1 时,农村剩余劳动力在农村和在城市工作没有任何差别(实际上农村已经不存在剩余劳动力),此时,工业部门的生产率同农业部门的生产率相等,二元经济实现一元化发展。需要注意的是,户籍制度的存在会使非完全移民的工资同市民的工资还存在一定的差距,因此,刘易斯第二拐点也会较早地来临,使经济达到"伪一元化"的状态。此时,农业部门的生产率比不存在户籍歧视时要低,农业部门的工资也会较低。由此,可以得出本书的第二个结论。

结论 2:户籍歧视制约了农业劳动生产率的提升,并造成城乡发展存在差距,不利于经济一元化发展。

3.2.5 决定城镇化水平的作用力

联立式(3 - 15)、$n = (L_B + L_C)/f\delta$、$\theta = L_A/(L_A + L_B)$ 以

及人口条件 $L_A + L_B + L_C = L$，可得在各个均衡点的瞬时城镇化率同各参数的关系为：

瞬时常住人口城镇化率[①]：

$$\frac{L_B + L_C}{L} = \frac{(1-\lambda)(1-\mu)(1-\theta) + \lambda\theta\tau^{2\mu-1}}{(1-\mu)[(1-\theta)(1-\lambda) + \theta] + \lambda\theta\tau^{2\mu-1}}$$

$$(3-19)$$

瞬时常住人口城镇化率反映的是包括非完全移民在内的城镇化率，是城市集聚人口的状态的真实表象。它实际上由两部分组成：瞬时户籍人口城镇化率和瞬时非完全移民率。其中，瞬时户籍人口城镇化率又可以表示为：

$$\frac{L_C}{L} = \frac{\lambda\theta\tau^{2\mu-1} - \lambda(1-\mu)(1-\theta)}{(1-\mu)[(1-\theta)(1-\lambda) + \theta] + \lambda\theta\tau^{2\mu-1}}$$

$$(3-20)$$

瞬时非完全移民率可以表示为：

$$\frac{L_B}{L} = \frac{(1-\mu)(1-\theta)}{(1-\mu)[(1-\lambda)(1-\theta) + \theta] + \theta\lambda\tau^{2\mu-1}}$$

$$(3-21)$$

可以看出，户籍歧视、农村中的隐性失业率、运输成本和消费结构共同决定了各均衡点的瞬时常住人口城镇化率和瞬时户籍人口城镇化率。如分别用 f_U 和 f_H 表示各均衡点的瞬时常住人口城镇化率和瞬时户籍人口城镇化率，用 f_D 表示非完全移民率，则存在着 $f_U = f_U(\lambda, \theta, \mu, \tau)$、$f_H = f_H(\lambda, \theta, \mu,$

---

① 之所以使用"瞬时常住人口城镇化率""瞬时户籍人口城镇化率"和"瞬时非完全移民率"是用以区分"常住人口城镇化率""户籍人口城镇化率"和"非完全移民率"，主要强调这是某个时点的静态情况，而不加"瞬时"，即我们平常说的各种城镇化率实际上是一种累进的情况。在数学上，可以通过把前者积分以得到后者。后面进行数值模拟时，采用的也是积分的思想。

τ) 以及 $f_D = f_H (\lambda, \theta, \mu, \tau)$。我们重点关注不同户籍歧视和运输成本下的常住人口城镇化率随农业劳动生产率的变动情况。因此，需要对以上各瞬时变量做积分处理。本书的处理办法是先模拟出各个瞬时变量的拟合曲线，再通过对曲线求积分，即计算曲线面积的做法求得实际变量的拟合曲线，所得结果如图 3 − 2 所示。

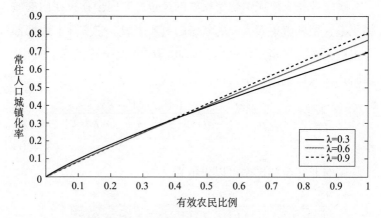

图 3 − 2　不同的户籍歧视下有效农民比例同常住人口城镇化率的关系

图 3 − 2 显示了当 $\lambda = 0.3/0.6/0.9$、$\mu = 0.7$、$\tau = 1.7$（中等运输成本）时，农村的有效农民比例同常住人口城镇化率的关系，当模拟 $\tau = 1.3$（低运输成本）和 $\tau = 2.1$（高运输成本）时的情形，发现此时运输成本对常住人口城镇化率的影响并不十分明显，故没有列出以上两种情形下的模拟图。本书模型中的城镇化过程也是一个农村有效农民比例不断减少和城市常住人口比例不断增加的过程，前者可以反映农村剩余劳动力的减少和农业劳动生产率的提升，后者则主要反映了农村剩余劳动力向城镇的流动结果。从图形给出的模拟结果来看，可以发现，户籍歧视对常住人口城镇化率产生了明显的影响：当

户籍歧视不严重（$\lambda = 0.9$）时，常住人口城镇化率明显高于户籍歧视较严重（$\lambda = 0.3$）时的情形。这同本书的结论相一致，即户籍歧视的存在制约了城镇化水平的提升。

由式（3 – 19）可知，影响常住人口城镇化水平的，除了 λ 和 τ 之外，还包括 μ，即不同的消费结构对常住人口城镇化率的影响。在此同样使用图形模拟的方式来给出结论。图 3 – 3 显示了当 $\lambda = 0.6$、$\tau = 1.7$、$\mu = 0.3/0.5/0.9$ 时常住人口城镇化率同有效农民比例之间的相互关系。可以发现，当消费体系中工业产品占有较高的比重时，常住人口城镇化率同样会得到显著的提升。因为在二元经济中，工业部门相比于农业部门能够吸纳更多的农村剩余劳动力，工业品消费比重的增加意味着工业部门在经济中占有更大的比重，因此，能够吸引更多的人来到城市工作，从而提高常住人口城镇化率。这也从一个简单的角度说明了工业化和城镇化之间的关系。

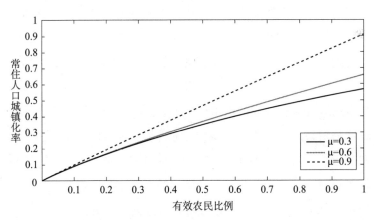

图 3 – 3　不同的消费结构下有效农民比例同常住人口城镇化率的关系

通过对不同参数的模拟可以发现，户籍歧视和消费结构对常住人口城镇化率产生较为显著的影响，较高的户籍歧视和较低的工业品消费比重都会制约城镇化水平的提升，这同我们的常识是一致的。然而，在只有城乡贸易的经济结构中，我们并没有发现运输成本对常住人口城镇化率有显著的影响，这可能同模型的结构有关。下面从含有两区域的贸易模型进一步研究说明。

3.3 开放区域中劳动力转移及城市规模差异格局

不存在对外贸易的情况下，劳动力的城乡转移情况可以用来作为某区域内部的城镇化进程的一种描述，然而，却无法描述劳动力在不同区域间的流动情况。因此，需要考察含有外部区域的劳动力情况，需要注意的是，此时还需要考虑区域之间的贸易对劳动要素流动和分配的影响。倪鹏飞等的研究表明，中国的城镇化发展滞后于工业化，部分原因可以归结为外向型的贸易结构（倪鹏飞、颜银根、张安全，2014）。实际上，除贸易结构外，户籍歧视同样会对区域之间城镇化水平的差异造成影响。同等情况下，户籍歧视不严重的地区较户籍歧视较为严重的地区具有较高的城镇化水平。同时，新经济地理学一致强调的贸易成本同样会对城镇化水平产生影响。但是问题是，在"核心—边缘"框架中，处于核心区域的地区又往往具有较严重的户籍歧视，如长江经济带的东部地区，诸如上海这样的超级城市对外来人员的落户等均有较为严格的限制，我国现行的城镇化方针也是严格控制超级城市的规模。那么，开放情况下的户籍歧视、贸易以及运输成本会对城镇化产生怎样的影响呢？

下面将封闭模型扩展为 $2 \times 2 \times 2$ 的开放模型。假设存在 H 和 F 两个区域，每个区域使用资本和劳动力生产两种产品，经济中有农民 L_A、工人 L_C 和非完全移民 L_B 三个消费群体，用 L（H）和 L（F）加以区分 H 区域和 F 区域。农产品和工业品均可以在两区域之间贸易，其中，农产品的贸易成本为 0，但是工业制品存在运输成本 τ。与此同时，非完全移民可以自由在 H 区域和 F 区域之间迁徙，但是所享受福利均受到户籍制度的限制，不失一般性，假设 $\lambda_H < \lambda_F$，即 H 区域实行更为严厉的户籍歧视政策。市民同样可以在区域之间自由迁徙，但是不受户籍歧视的制约。假设 H 区域非完全移民和市民总人数为 L_B（H）$+ L_C$（H），F 区域为 L_B（F）$+ L_C$（F）。假设两区域资本总数为 K，资本可以在区域间自由流动，设 H 区域的资本数为 γK，则 F 区域的资本为（$1 - \gamma$）K，假设 H 区域拥有更多的资本，即（$1 - \gamma$）$K < K/2 < \gamma K$。由于对称性的存在，所以下面只列出 H 区域的方程，相应地就可以写出 F 区域的方程。

3.3.1　代理人行为分析

1. 消费者行为

所有的消费者具有相同的偏好，H 区域消费者效用函数可以表示为 C–D 形式：

$$U = \mu \ln C_M + (1 - \mu) \ln C_A,$$

$$C_M = \Big[\sum_{i=1}^n c_i (H)^{\frac{(\delta-1)}{\delta}} + \sum_{i=1}^n c_i (F)^{\frac{(\delta-1)}{\delta}} \Big]^{\frac{\delta}{(\delta-1)}} \quad (3-22)$$

H 城市的典型消费者面临的预算约束为：

$$p_A C_A + P_M(H) C_M(H) = y,$$

$$P_M(H) = \left\{ \sum_{i=1}^{n} p_i(H)^{-(\delta-1)} + \sum_{i=1}^{n} \left[\tau p_i(F) \right]^{-(\delta-1)} \right\}^{\frac{-1}{(\delta-1)}}$$

$$(3-23)$$

可以得到消费者的需求函数为：

$$C_M(H) = \frac{\mu y(H)}{P_M(H)} , \ C_A(H) = \frac{(1-\mu)y(H)}{p_A(H)} ,$$

$$c_i = \mu p_i(H)^{-\delta} \left[P_M(H)^{\delta-1} y(H) + \phi P_M(F)^{\delta-1} y(F) \right]$$

$$(3-24)$$

式（3-24）中，$\phi = \tau^{-(\delta-1)}$（$0 \leqslant \phi \leqslant 1$），表示"空间贴现"因子，它同运输成本及产品的交叉替代弹性呈方向变动趋势，某一厂商的实际市场是本地市场在空间贴现后的总和。H 区域消费者的间接效用函数为：

$$V = \mu\ln\mu + (1-\mu)\ln(1-\mu) + \ln y(H)$$
$$- \mu\ln P_M(H) - (1-\mu)\ln p_A(H) \qquad (3-25)$$

2. 农业部门生产行为

H 区域有效农民的比重为 $\theta(H) = L_A(H)/[L_A(H) + L_B(H)]$，该区域生产 1 单位农产品需要投入的农民数量为 $\alpha_A(H)/\theta$（倪鹏飞、颜银根、张安全，2014）。农产品产量为 $x_A(H) = L_A(H) \theta(H)/\alpha_A(H)$。假设农业部门是规模报酬不变的部门，从而两区域农产品的价格与边际成本相等，即始终有：$p_A(H) = \alpha_A(H) w_A(H)/\theta(H)$，$p_A(F) = \alpha_A(F) w_A(F)/\theta(F)$。由于 H 区域和 F 区域不存在贸易成本，故两区域农产品价格相等，假设两区域农业生产率相同，则有 $w_A(H)/\theta(H) = w_A(F)/\theta(F)$，单位化农产品的边际投入量以及农产品的价格后可得 $w_A(H) = \theta(H)$，$w_A(F) = \theta(F)$。进一步地，为了简化分析，不妨令两区域的农业总收入相等，

即 $L_A(H)\theta(H) = L_A(F)\theta(F) = 1$。

3. 工业部门生产行为

假设生产要素除了劳动外，每单位产品还有 1 单位固定资本投入。故 H 区域企业的生产成本函数为：$TC(H) = r(H) + \alpha x_i(H)w(H)$。

利润函数为：$\pi(H) = p(H)x_i(H) - \alpha x_i(H)w(H) - r(H)$

假设产品的种类足够多，则可以得到产品的最优定价为：

$$p_i(H) = \frac{\alpha w(H)\delta}{(\delta - 1)} \qquad (3-26)$$

令 $\pi = 0$，得到企业的均衡产量为：

$$x_i(H) = x_i(F) = R(\delta - 1)/\alpha \qquad (3-27)$$

此时，H 区域和 F 区域的工资之比等于两地工业品的价格之比。$p_i(H)/p_i(F) = w(H)/w(F)$，每个企业对劳动的需求量为 $(\delta - 1)R$，当 H 区域的资本总数为 γK 时，H 区域所需要的劳动量为 $(\delta - 1)\gamma KR = L_B(H) + L_C(H)$。H 区域工业品的种类数为：$n(H) = [L_B(H) + L_C(H)]/(\delta - 1)R = \gamma K$，$n(H)/n(F) = \gamma/(1 - \gamma)$。令 $[w(H)/w(F)]^{-(\delta-1)} = W$，假设所有工业产品同质，所以：

$$P_M(H) = \{n(H)p_i(H)^{-(\delta-1)} + n(F)[\tau p_i(F)]^{-(\delta-1)}\}^{-1/(\delta-1)}$$
$$= p_i(H)[\gamma K + W^{-1}\phi(1 - \gamma)K]^{-1/(\delta-1)}$$

$$P_M(F) = \{n(H)[\tau p_i(H)]^{-(\delta-1)} + n(F)p_i(F)^{-(\delta-1)}\}^{-1/(\delta-1)}$$
$$= p_i(F)[W\phi\gamma K + (1 - \gamma)K]^{-1/(\delta-1)} \qquad (3-28)$$

3.3.2　瞬时均衡分析

参照克鲁格曼（1991）的方法，先假设人口在区域间不能流动，求出短期均衡状况，再假设人口可以流动，求出长期均衡的状况（Krugman P.，1991）。先假设人口不能流动，则对产品 i 的本地需求和外地需求之比为：

$$\frac{c_{HH}}{c_{HF}} = \left[\frac{p(H)\tau}{p(F)}\right]^{-\delta} = \left[\frac{w(H)\tau}{w(F)}\right]^{-\delta} \qquad (3-29)$$

设 z_{HH} 为 H 区域对本地区工业品的花费和对外地工业品花费之比，有：

$$z_{HF}(H) = \frac{n_H}{n_F} \cdot \frac{p_i(H)\tau}{p_i(F)} \cdot \frac{c_{HH}}{c_{HF}} = \frac{\gamma}{1-\gamma} \cdot \left[\frac{w(H)\tau}{w(F)}\right]^{-(\delta-1)}$$

$$(3-30)$$

同理，可得 F 区域购买 H 区域产品的花费与购买本地产品的花费之比为：

$$z_{HF}(F) = \frac{n_H}{n_F} \cdot \frac{p_i(H)}{p_i(F)\tau} \cdot \frac{c_{FH}}{c_{FF}} = \frac{\gamma}{1-\gamma} \cdot \left[\frac{w(H)}{w(F)\tau}\right]^{-(\delta-1)}$$

$$(3-31)$$

H 区域工人的收入为两个区域对 H 区域工业品的总支出，所以有：

$$w(H)\left[L_B(H) + L_C(H)\right] = \mu\left[\frac{z_{HF}(H)}{1 + z_{HF}(H)} \cdot Y(H)\right.$$
$$\left. + \frac{z_{HF}(F)}{1 + z_{HF}(F)} \cdot Y(F)\right]$$

$$(3-32)$$

对于 F 区域，有：

$$w(F)\left[L_B(F) + L_C(F)\right] = \mu\left[\frac{1}{1 + z_{HF}(H)} \cdot Y(H)\right.$$
$$\left. + \frac{1}{1 + z_{HF}(F)} \cdot Y(F)\right]$$

$$(3-33)$$

同时，H 区域和 F 区域的收入应为工农业收入之和：

$$Y(H) = L_A(H)\theta(H) + w(H)[L_B(H) + L_C(H)] + \gamma Kr$$

$$= 1 + \delta\gamma Kr(H)$$

$$Y(F) = 1 + \delta(1 - \gamma)Kr(F) \qquad (3-34)$$

令 $[w(H)/w(F)]^{-(\delta-1)} = W$，为简化分析，令 $K = \mu$[①]，则可得：

$$\begin{cases} r(H)\delta = \dfrac{W}{W\gamma + \phi(1-\gamma)} \cdot Y(H) + \dfrac{\phi W}{W\phi\gamma + 1 - \gamma} \cdot Y(F) \\[4mm] r(F)\delta = \dfrac{\phi}{W\gamma + \phi(1-\gamma)} \cdot Y(H) + \dfrac{1}{W\phi\gamma + 1 - \gamma} \cdot Y(F) \end{cases}$$

$$(3-35)$$

可以求出 $r(H)$、$r(F)$ 分别为：

$$\begin{cases} r(H) = \dfrac{\dfrac{W(1-\phi^2)}{W\gamma + \phi(1-\gamma)} + \dfrac{2\phi W}{(1-\mu)(1-\gamma)}}{\dfrac{\delta(1-\gamma) + \delta\phi W\gamma}{1-\gamma} - \dfrac{\delta\mu\gamma W(1-\phi^2)}{\gamma W + \phi(1-\gamma)}} \\[8mm] r(F) = \dfrac{2}{(1-\mu)(1-\gamma)\delta} - \dfrac{\gamma}{1-\gamma} \\[6mm] \qquad\quad \times \dfrac{\dfrac{W(1-\phi^2)}{W\gamma + \phi(1-\gamma)} + \dfrac{2\phi W}{(1-\mu)(1-\gamma)}}{\dfrac{\delta(1-\gamma) + \delta\phi W\gamma}{1-\gamma} - \dfrac{\delta\mu\gamma W(1-\phi^2)}{\gamma W + \phi(1-\gamma)}} \end{cases} \qquad (3-36)$$

可以得到 H 区域和 F 区域的平均工资、市民和非完全移民的工资为：

$$w(H) = \dfrac{(\delta - 1)\gamma\mu}{L_B(H) + L_C(H)} \cdot r(H),$$

---

① 这里隐含的假设是工人同时也是资本所有者，可以随资本在区域间自由流动。

$$w_c(H) = \frac{(\delta - 1)\gamma\mu}{L_B(H)\lambda_H + L_C(H)} \cdot r(H),$$

$$w_B(H) = \frac{\lambda_H(\delta - 1)\gamma\mu}{L_B(H)\lambda_H + L_C(H)} \cdot r(H),$$

$$w(F) = \frac{(\delta - 1)\gamma\mu}{L_B(F) + L_C(F)} \cdot r(F),$$

$$w_C(F) = \frac{(\delta - 1)\gamma\mu}{\lambda_F L_B(F) + L_C(F)} \cdot r(F),$$

$$w_B(F) = \frac{(\delta - 1)\gamma\lambda_F\mu}{\lambda_F L_B(F) + L_C(F)} \cdot r(F) \qquad (3-37)$$

3.3.3 市场规模效应与区域福利势能效应

有两种效应决定了劳动力在 H 区域和 F 区域之间的流动：一种是和贸易成本相关的决定区域资本份额的本地市场效应，包含集聚力和分散力两种作用力，可以称为市场规模效应；另一种是和两地户籍歧视程度以及实际工资相关的区域间的福利差距效应，包括本地不同部门间福利差距对劳动力流动的影响和区域不同部门间对劳动力流动的影响两个方面，其作用类似于水的势能效应，因而可以称之为区域福利势能效应。下面分别围绕两种效应一一阐述。

1. 市场规模效应

H 区域和 F 区域的市场规模可以用两地的资本分布来表示，即与参数 γ 相关，由于资本可以在区域间自由的流动，因此在均衡时必然有 $r(H) = r(F) = r$，由此可以求出：

$$r = \frac{2}{\delta(1 - \mu)} \qquad (3-38)$$

r 与贸易成本 ϕ 以及两地的市场规模 γ 无关，这是由于资本市场已经一体化的结果。

当 $r(H) = r(F)$ 时，根据式（3-36）可以求出两地市场的分布规模 γ：

$$\gamma = \frac{(1 - \mu\delta)\left[W\phi^2(1 + \mu) + W(1 - \mu) - 2\phi\right]}{(W - \phi)(1 - \phi W)(1 - \mu\delta) - 2W\mu\delta(1 - \mu)(1 - \phi^2)}$$

$$(3-39)$$

图 3-4 给出了当 $\mu = 0.6$、$\delta = 5$、$\phi = 0.25/0.5/0.75$[①] 时市场规模 γ 随两地相对工资 W 变化的情况。可以看出，随着名义工资变化共有两种均衡状态：当相对工资足够高时，厂商会选择全部在 H 区域或者 F 区域集聚，此时为典型的 "核心—边缘" 结构，且核心区具有足够大的集聚力使得贸易成本对集聚的影响几乎为零；当相对工资在一定的范围内时，H 区域相对工资提升促进了厂商向本区域的集聚，随着贸易成本（ϕ 值变大）的下降，集聚对名义工资的变动变得越来越敏感，相对工资略微变化，就会有大量的企业和工人从 F 区域向 H 区域迁移。不难理解，为何当 H 区域工资降低时（$W = \left[w(H)/w(F)\right]^{-(\delta-1)}$）会引起厂商向本区域的集聚，因为在 H 区域生产会有更低的生产成本。

当然，厂商从 F 区域转移到 H 区域时，会同时产生本地市场效应和竞争效应两种效应。由式（3-36）可得两地的相对收入水平 Y_{HF} 为：

$$Y_{HF} = \frac{Y(H)}{Y(F)} = \frac{\left[\phi W r(F) - r(H)\right]\left[W\gamma + \phi - \phi\gamma\right]}{\left[\phi r(H) - W r(F)\right](W\phi\gamma + 1 - \gamma)}$$

$$(3-40)$$

---

① 区域 "非黑洞" 条件为 $\mu < (\delta-1)/\delta$。

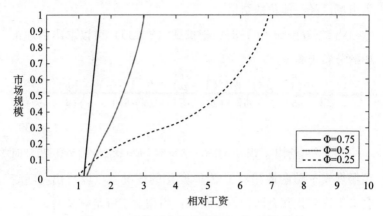

图 3 – 4 均衡时市场规模与相对工资的关系

当两地名义工资相等、资本回报率也相等时：

$$Y_{HF} = \frac{Y(H)}{Y(F)} = \frac{1 - \gamma + \gamma\phi}{(1 - \gamma)\phi + \gamma} \qquad (3 - 41)$$

$\partial Y_{HF}/\partial\gamma < 0$，表明市场规模扩大时，相对收入水平呈相反的方向变化，这是由于同时存在本地市场效应和竞争效应两种效应导致的。一方面，市场规模扩大时，消费者能获得更多的服务以及更高的名义工资；另一方面，随着工人大量流入本地市场，竞争会变得更加激烈，劳动力的平均工资也会下降（Krugman P.，1991）。

2. 区域福利势能效应

在区域迁移没有被限制的条件下，F 区域的城市居民面临着留在本地和迁往 H 区域两种选择，F 区域的农民面临着迁往 F 区域成为 F 区域工人和迁往 H 区域成为 H 区域工人两种选择。在理性人的假设前提下，不考虑迁移的成本、区域差异和邻近效应，决定劳动力迁移决策的是他们在迁往相应区域后获得的福利的大小。根据式（3 – 4），福利的大小主要取决于劳动的收入（工资）和两地的工业产品指数。则 H 区域和 F 区域两地市民的福利差别可以表示为：

$$\Delta V_C = \ln \frac{w_C(H)}{w_C(F)} - \mu ln \frac{P_M(H)}{P_M(F)}, \ \Delta V_B(HH) = \ln \frac{w_B(H)}{w_A(H)},$$

$$\Delta V_B(HF) = \ln \frac{w_B(F)}{w_A(H)} + \mu \ln \frac{P_M(H)}{P_M(F)} \qquad (3-42)$$

分别把 $[w(H)/w(F)]^{-(\delta-1)} = W$、式（3 - 28）代入式（3 - 41）和式（3 - 42），可得：

$$\Delta V_C = \ln \frac{[\lambda_F L_B(F) + L_C(F)][L_B(H) + L_C(H)]}{[L_B(F) + L_C(F)][\lambda_H L_B(H) + L_C(H)]}$$

$$+ \delta(1+\mu)\ln W - \frac{\mu}{\delta-1}\ln \frac{W\gamma + \phi(1-\gamma)}{W^2\phi\gamma + W(1-\gamma)},$$

$$\Delta V_B(HH) = \ln \frac{\lambda_H(\delta-1)\gamma\mu r(H)}{\theta(H)[\lambda_H L_B(H) + L_C(H)]},$$

$$\Delta V_B(HF) = \ln \frac{(\delta-1)\gamma\lambda_F\mu r(F)}{\theta(H)[\lambda_F L_B(F) + L_C(F)]}$$

$$+ \mu\delta\ln W - \frac{\mu}{\delta-1}\ln \frac{W\gamma + \phi(1-\gamma)}{W^2\phi\gamma + W(1-\gamma)}$$

$$(3-43)$$

H 区域的农民选择到 H 区域的城市工作还是到 F 区域的城市工作取决于 $\Delta V_B(HH)$ 和 $\Delta V_B(HF)$ 的大小。令 $\Delta V_K = \Delta V_B(HH) - \Delta V_B(HF)$，则有：

$$\Delta V_K = \ln \frac{\lambda_H}{\lambda_F} + \ln \frac{\lambda_F L_B(F) + L_C(F)}{L_B(H)\lambda_H + L_C(H)} - \mu\delta\ln W$$

$$+ \frac{\mu}{\delta-1}\ln \frac{W\gamma + \phi(1-\gamma)}{W^2\phi\gamma + W(1-\gamma)} \qquad (3-44)$$

可以发现，ΔV_K 是两地户籍歧视程度 λ_H 和 λ_F、有效工人

规模 $\lambda_F L_B$（F）$+ L_C$（F）和 L_B（H）$\lambda_H + L_C$（H）、工业消费偏好 μ 和工业品的替代弹性 δ、两地的相对工资 W 和贸易成本 ϕ 的函数。决定 ΔV_K 的实际上有四部分：一是两地的相对户籍歧视程度 λ_H / λ_F，劳动力倾向于向户籍歧视较低的区域流动，因为在那里可以享受到更高的名义工资；二是两地市场上的相对有效工人数量 $[\lambda_F L_B$（F）$+ L_C$（F）$]/[L_B$（H）$\lambda_H + L_C$（H）$]$，一般来说，有效工人数量较少的区域意味着较少的竞争，这种情况下，非完全移民能够享有更高的名义工资；三是两地的相对平均名义工资 W，可以理解为劳动力转移的相对期望工资；四是两地工业品的相对价格指数 P_M（H）$/P_M$（F），较低的工业品价格指数意味着多样化的产品和更高的实际工资水平。由于 P_M（H）$/P_M$（F）同时是两地相对工资 W、市场规模 γ 和贸易成本 ϕ 的函数，市场规模 γ 又是相对工资 W、工业消费偏好 μ 和工业品的替代弹性 δ 以及贸易成本 ϕ 的函数，最后经过化简可以发现，两地的相对福利差异仅与两地户籍歧视程度 λ_H 和 λ_F、有效工人规模 $\lambda_F L_B$（F）$+ L_C$（F）和 L_B（H）$\lambda_H + L_C$（H）、两地相对工资 W、工业消费偏好 μ 和工业品的替代弹性 δ 以及贸易成本 ϕ 相关，即 $\Delta V_K = f$（λ_H，λ_F，L_B（F），L_C（F），L_B（H），L_C（H），W，μ，δ，ϕ）。假定 λ_H、λ_F、L_B（F）、L_C（F）、L_B（H）、L_C（H）、μ、δ 严格外生，则 ΔV_K 的变化与相对工资 W 以及贸易成本 ϕ 相关。可以通过数值模拟的方法进一步探索。

图 3 – 5 和图 3 – 6 给出了当 $\mu = 0.6$、$\delta = 5$、$\lambda_H = 0.5$、$\lambda_F = 0.7$、L_B（H）$= L_C$（H）$= L_B$（F）$= L_C$（F）$= 1$ 时，在 $\phi = 0.75/0.5/0.25$ 的情况下，两地非完全移民在城市的福利差距 ΔV_K 与相对工资 W 的关系，以及在 $W = 0.5/1/2$ 时，福

利差距 ΔV_K 与贸易成本 ϕ 的关系。从图 3 - 5 可以看出,当 F 区域的名义工资显著增加时,H 区域非完全移民的福利和在 F 区域工作的非完全移民的福利差异在迅速缩小,同时,考虑到工业品价格指数的效应,当 W 在小于 1 的某一点时,H 区域非完全移民在 H 区域和 F 区域工作没有差异,随着 W 继续上升[①],H 区域的非完全移民会迁往 F 区域工作。当然,由于存在竞争效应,ΔV_K 随 W 变化的斜率越来越低。当给定 W 的值时,发现贸易成本的下降使得在 H 区域工作的非完全移民的福利和在 F 区域工作的非完全移民的福利差异略微提升了,这主要是由于贸易成本的降低促进了商品的交换,两国的工业品价格指数也变得更为接近,使得 H 区域的消费者以更低的价格享受到同样多样化的服务。

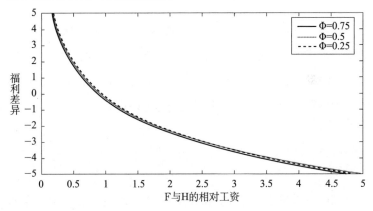

图 3 - 5 不同贸易成本下两区域非完全移民

的福利差异与相对工资的关系

---

① 此处 $W = [w\ (H)/w\ (F)]^{-(\delta-1)}$,实际上是两区域相对工资倒数的 $\delta - 1$ 次方,它与两地的相对工资呈反向变化。

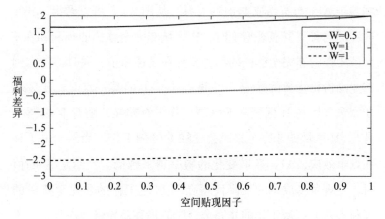

图 3 - 6　不同相对工资水平下两区域非完全移民的

福利差异与贸易成本的关系

3.3.4　两区域的城市规模空间差异

在给出了劳动力在两地流动的条件后，下面具体讨论两地城镇化进程中的劳动力流动的情形。由式（3 - 41）可知，当 $\Delta V_K = 0$ 时，农民迁移到 H 区域和 F 区域所增加的福利是相同的，因此没有继续外迁的动力，此时可以得到：

$$\frac{\lambda_H}{\lambda_F} \times \frac{\lambda_F L_B(F) + L_C(F)}{\lambda_H L_B(H) + L_C(H)} = W^{\mu\delta} \times \left[\frac{W\gamma + \phi(1 - \gamma)}{W^2 \phi\gamma + W(1 - \gamma)} \right]^{-\frac{\mu}{\delta - 1}}$$

$$(3 - 45)$$

在此可以重新审视 λ_F 和 λ_H，从本身出发，它们指的是两地的户籍歧视程度，从另外一个角度来看，λL_B 实际上也可以理解为一个区域由农村转移到城市的"有效市民"数量，因为 λL_B 个农村剩余劳动力拿到的工资总数实际上同 L_C 个市民拿到的工资数量相等。因此，式（3 - 45）中，$[\lambda_F L_B$（F）$+ L_C$（F）$]/[\lambda_H L_B$（H）$+ L_C$（H）$]$ 实际上表示的为 H 区域和 F 区域的"有效市民"数量的比值，另外，λ_H、λ_F 可以理解为农村剩余劳动力在区域间流动的"贴现因子"，因此总的来看，等式（3-45）的左边表示的是 F 相对于 H 的"有效"城市规模，它同等式右边的两地相对工资 W、资本规模 γ（或者 $1-\gamma$）、消费结构 μ、工业品的替代弹性 δ 以及空间贴现因子 ϕ 相关。在此，采用数值模拟的方法进一步分析说明，如图 3-7 所示。

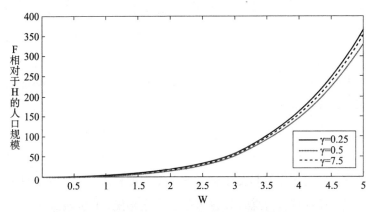

图 3-7　不同资本分布结构下两地相对规模与 W 的关系

图 3-7 给出了当 $\mu=0.7$、$\delta=5$、$\gamma=0.25/0.5/0.75$、$\phi=0.75$ 时的情形，可以看出给定 H 区域和 F 区域的资本市场规模，F 区域的劳动市场规模会随着相对工资的提升而扩大，因为较高的相对工资直接对农村剩余劳动力的流动构成了吸引力。同时，资本市场份额的减少会导致人口规模曲线向下旋转，这意味着较少的资本规模导致了较小的制造业市场，在中国人口流向市场的现实下，势必导致人口规模的下降。这也可以用来解释长江经济带城镇化的"东部、中部、西部"的反地势分布的现状：东部地区较中西部地区拥有更多的集聚人口和更大的市场，西部地区人口集聚较少，但是劳动报酬依然较高。

3.3.5 区域竞争与区域间劳动力转移

假设由于受到某种外部因素的刺激，两个区域同时开始工业化道路，并由此推进了城镇化的进程。考虑到人口可以在区域间流动，H 区域的城镇化进程在吸引本地农村剩余劳动力流向城市的同时，还会吸引外地农村剩余劳动力流入城市。F 区域在吸引本地农村剩余劳动力的同时也会吸引外地剩余劳动力的流入，因此，两个区域在城镇化进程中存在竞争。最终决定能够吸引多少人口来本区域的城市工作取决于 ΔV_B（HH）、ΔV_B（FF）、ΔV_B（HF）的大小，也就是两个区域各自的福利势能差距。在此，不妨假设 $\Delta V_K > 0$，即人口单向往 H 区域流动的情况，同理，也可以得出人口单向往 F 区域流动时的状况。

由于 $\Delta V_K > 0$，所以 H 区域会相对于 F 区域较早开始城镇化进程，此时，在 H 区域工作的实际上由四种人构成：H 区域的市民、H 区域农村流向 H 区域的非完全移民、F 区域流向 H 区域的市民、F 区域农村流向 H 区域的非完全移民。除了 H 区域城市的"原著民"外，另外三种人面临着不同的福利势能差异，分别为 ΔV_B（HH）、ΔV_C 和 ΔV_B（HF）。受到以上三种福利差异影响的城镇化过程可以使用一个微分方程组来表示：

$$\begin{cases} \dfrac{d\Delta V_C}{d(L_C(F))} = \dfrac{(e_{L_c(HF)} - e_{L_c(FF)}) - \mu(e_{L_c(HF)}^{PM} - e_{L_c(FF)}^{PM})}{L_C(F)} \\[3mm] \dfrac{d\Delta V_B(HH)}{d(L_B(H))} = \dfrac{e_{WB}(H) - e_{WA}(H)}{L_B(H)} \\[3mm] \dfrac{d\Delta V_B(HF)}{d(L_B(F))} = \dfrac{e_{L_B(FF)} - e_{L_B(HF)}^{WA} + \mu(e_{L_B(HF)}^{PM} - e_{L_B(FF)}^{PM})}{L_B(F)} \end{cases}$$

$$(3-46)$$

式（3-46）中，$e_{L_{c(HF)}}$ 表示 F 区域的城市劳动力供给对 H 区域工资的弹性，$e_{L_{c(FF)}}$ 表示 F 区域的城市劳动力供给对 F 区域的工资的弹性，$e_{L_{c(HF)}}^{PM}$ 表示 F 区域城市劳动力供给对 H 区域工业价格指数的弹性，$e_{L_{c(FF)}}^{PM}$ 表示 F 区域城市劳动力供给对 F 区域工业价格指数的弹性，$e_{WB}(H)$ 表示 H 区域农村剩余劳动力供给对该地区城市工资的弹性，$e_{WA}(H)$ 表示 H 区域农村剩余劳动力供给对该地区农村工资的弹性，$e_{L_{B(FF)}}$ 表示 F 区域农村剩余劳动力供给对 F 区域城市工资的弹性，$e_{L_{B(HF)}}^{WA}$ 表示 F 区域剩余劳动力供给对 H 区域农村工资的弹性，$e_{L_{B(HF)}}^{PM}$ 表示 F 区域剩余劳动力供给对 H 区域工业品价格指数的弹性，$e_{L_{B(FF)}}^{PM}$ 表示 F 区域剩余劳动力供给对 F 区域工业品价格指数的弹性。受工业化的推动，H 区域一开始城镇化道路，便会吸引以上三种人群向本地区城市集聚，下面分别展开讨论。

1. F 区域的市民

F 区域的市民向 H 区域转移受到四种作用力的约束：一是 H 区域工资的吸引；二是 F 区域工资的吸引；三是 H 区域工业品价格的吸引；四是 F 区域工业品价格的吸引。以上四项中，一、三两项构成了 H 区域的集聚力，二、四两项构成了 F 区域的集聚力，也相当于 H 区域的分散力。F 区域的市民总面临着前往 H 区域工作还是留在本地工作的选择，因此，他们会权衡 H 区域和 F 区域哪里的福利更高。而由于 H 区域率先开始工业化道路，当 H 区域的工资高于 F 区域时，F 区域的城市人口就会向 H 区域迁移，他们也会享受到 H 区域由于市场规模的扩大带来的工业品种类的丰富和较低的工业品价格指数，同时，他们需要放弃的是本地的工资和本地的工业品价格。这一过程直到 F 区域的工资和工业品价格带来的总效应同 H 区域的相等时结束，那时可以说，H 区域和 F 区域基本实现了一体化发展，或者两个区域形成了对称发展的局面。

2. H 区域的农村剩余劳动力

由于 H 区域先开始城镇化进程，因此，H 区域农村剩余劳动力不会率先向 F 区域转移。H 区域剩余劳动力向本区域的城市转移会受到两种作用力的影响：一是本区域城市高工资的吸引；二是本区域农村工资的吸引。因此，H 区域城市对于农村总的集聚力为 e_{WB}（H）$- e_{WA}$（H），前者构成了促进其向城市流动的集聚力，后者为促进其向农村转移的分散力。H 区域的剩余劳动力向城市的转移符合典型的刘易斯二阶段进程。当剩余劳动力全部转移完成后达到刘易斯第一拐点，此时，H 区域工业部门的工资开始上涨，由于农业劳动力生产率的提升会持续析出剩余劳动力，工业部门也会持续吸纳，这一过程直到农业部门的生产率等于工业部门，此时到达刘易斯第二拐点，二元结构基本实现一元化发展。

3. F 区域的农村剩余劳动力

F 区域的剩余劳动力流入 H 区域后，会有两种选择：一是在 H 区域的城市工作，成为 H 区域城市的非完全移民；二是在 H 区域继续从事农业活动，这就意味着转移到了 H 区域的农村，成为 H 区域的农民。因此，F 区域的农村剩余劳动力向 H 区域转移会受到四种作用力的作用：一是 F 区域城市的吸引；二是 H 区域农村的吸引；三是转移到 F 区域享受到的工业价格指数的吸引；四是转移到 H 区域享受到的工业价格指数的吸引。四种作用力中，第四种是集聚力，前三种构成了 F 区域非完全移民流出 H 区域城市的分散力。F 区域的农村剩余劳动力向 H 区域的转移也是一个二元经济发展的进程，但是同 H 区域和 F 区域两个区域的工业化水平和农村现代化水平均有关系，因此稍显复杂。总的来讲，可以用前面 ΔV_K 这样的函数来衡量，在此用文字的方式进一步说明。在 H 区域工业化的第一阶段，由于 F 区域存在大量只拿生存工资的农村剩余劳动力，劳动供给弹性接近于无穷。在不考虑迁移成本的条件下，较早开始城镇化进程的 H 区域可以通过比生存工资高一点的工资吸引 F 区域的劳动力来本区域的城市工作，这一过程直到 F 区域的剩余劳动力转移完毕，H 区域到达刘易斯第一拐点。之后，H 区域的城市工资开始上涨，同时，F 区域的农业技术生产效率开始提升，并进一步析出剩余劳动力，继续向 H 区域转移，这一过程直到 H 区域城市的劳动生产率同 F 区域农业劳动生产率相等，此时，H 区域的工业部门和 F 区域的农业部门实现了"一体化"，经济走向"一元化发展"。

值得注意的是，在以上三个方面的分析中，我们并没有考虑户籍歧视的作用，在弄清楚每一种人受到基本作用力后，下面试着把三类人群综合起来，并考虑户籍歧视来综合分析 H 区域和 F 区域的城镇化进程。

3.3.6 两区域的城镇化进程

1. H 区域城镇化第一阶段

在 H 区域城镇化的第一阶段，由于城市较高的工资水平会同时吸引三种人向本区域城市移民。但是三种人群初始福利水平的不同，加之户籍歧视程度不同，因此，他们面临着不同的福利势能差异。由于在模型假设中有 $L_A（H）\theta（H）= L_A（F）\theta（F）$ 以及 $w_A（H）= \theta（H）$、$w_A（F）= \theta（F）$，所以当两区域农村人口规模相等时，两区域的农民的工资是相等的。在此不妨先假设在未实行工业化时两地城市的工资水平相当、城市规模也相当，即两区域的初始状态是对称分布的。因此，H 区域的工业化开始的阶段，不仅仅会吸引本地农村剩余劳动力，还会吸引 F 区域的剩余劳动力向本地区转移。由于刚开始 H 区域城市提供的工资只比农民的"生存工资"高一点点，对 F 区域的市民并不构成吸引力，所以一开始 F 区域的市民不会向 H 区域转移。这一过程会一直持续到 H 区域达到 $\lambda_H \times w_C(H)$ 为止，此时，H 区域到达刘易斯第一拐点，如不继续提高城市的工资水平，H 区域和 F 区域的农民不会继续向 H 区域的城市转移。

2. H 区域城镇化第二阶段

H 区域进入第二阶段后，随着工业部门工资的进一步上升，将继续吸引 F 区域和 H 区域的农村剩余劳动力向本区域城市转移，并且 F 区域的城市居民也会受到高工资的吸引，开始流入 H 区域。此时，区域结构为典型的"核心—边缘"结构。这一过程会一直持续，直到 H 区域实现经济一元化发展。此时，H 区域的农民、F 区域的农民以及 H 区域和 F 区域的非完全移民拥有相同的工资水平，均为 $\lambda_H \times w_C^*$（H）。此时，ΔV_B（HF）=0，ΔV_B（HH）=0，二元经济达到刘易斯第二拐点。由于存在户籍歧视，因此，农民的工资还有提升的空间，农村的剩余劳动力也有进一步转移的可能。

3. F 区域城镇化第一阶段

假设 H 区域达到刘易斯第二拐点后，F 区域开始着手工业化道路。由于此时受 H 区域工业化的影响，F 区域的农民工资水平已有所提升，达到 $\lambda_H \times w_C^*$（H），F 区域的市民的工资为

w_C^* (H)。因此，F 区域的城市必须提供高于 $\lambda_H \times w_C^*$ (H) 的工资水平，以吸引农村的剩余劳动力进一步向城市转移。此时，F 区域城市的非完全移民有三个来源：一是由于本地农业技术提高析出的剩余劳动力；二是在 H 区域工作的 F 区域的非完全移民，可以称之为"返乡非完全移民"；三是在 H 区域的非完全移民。他们一起构成了 F 区域城镇化进程中的劳动力支撑，这一过程直到 F 区域的工资达到 $\lambda_F \times w_C^*$ (H)，此时，F 区域到达刘易斯第一拐点，城市工资水平需要进一步提高。此时，H 区域为保证拥有足够的劳动资本，则会继续提升城市的劳动力工资，直到 $\lambda_F / \lambda_H \times w_C^*$ (H) 为止，农村的劳动生产率也会进一步提升。

4. F 区域城镇化第二阶段

在 F 区域工业化的第二阶段，城市的工资需要进一步提升，以进一步吸引本区域和外区域的农村剩余劳动力与区域非完全移民。同时，农业会进一步提升劳动生产率，直到农村的工资水平达到 $\lambda_F \times w_C^*$ (F) 为止，此时，农业的边际产品同工业的边际产品相等，F 区域基本实现"一元化"发展。值得注意的是，由于区域竞争的存在，此时，H 区域的城市工资水平也会继续上升，直到 $\lambda_F / \lambda_H \times w_C^*$ (F) 为止，以保证本区域劳动力的充分供给。

综上可以发现，存在两个区域时，由于区域竞争的存在，城镇化水平会较之存在一个区域时有所提升。由此，可以得出本书的第三个结论。

结论 3：区域竞争有助于城镇化水平的提升，同时，可以提升均衡时的非完全移民的工资水平。

3.4 线性多区域中劳动力转移及"核心—边缘"格局

两个区域存在贸易情况下的城镇化模型表现了在两个区域存在竞争的情况下的劳动力的流动情况,它对长江经济带人口的单向流动以及"核心—边缘"的空间结构均具有一定的解释力度,然而,直接用来解释长江经济带城镇化的过程却还存在一定的瑕疵,因为其对运输成本的影响反映得还不够明显。长江经济带明显是一个带状空间结构的经济体,在东部、中部和西部均有区域性"核心"城市,因此,理论上可以看成一个具有三个区域的线性模型。同时,西部和东部与中部和东部的距离不同,所以在线性模型中还存在着由于距离的不同而导致的不同的运输成本,中部区域离工业化程度较高的东部区域近些,西部区域的距离稍微远些。

因此,需要将开放模型扩展为 $3 \times 2 \times 2$ 的多区域开放模型。假设存在 H、F 和 N 三个区域,三区域呈直线型分布,H区域位于中心位置,F区域和N区域位于线段的两端位置。三区域的贸易成本存在 $\phi_{HF} = \phi_{FH} = \rho\phi_{FN}$,$\phi_{HN} = \phi_{NH} = (1 - \rho)\phi_{FN}$,如果F区域与N区域的贸易成本为 τ,则H区域和F区域之间的贸易成本为 $\rho^{-1/(\delta-1)}\tau$,H区域和N区域之间的贸易成本为 $(1-\rho)^{-1/(\delta-1)}\tau$。F区域同N区域做贸易必须要经过H区域。F区域和H区域有户籍歧视政策 $\lambda_H < \lambda_F$,N区域没有户籍歧视政策,其工业化和城市化是同步的。H区域和F区域的工业劳动力可以在两区域间自由流动,但是不能朝N区域迁移。资本可以在区域之间自由流动,H区域和F区域的资本

数量为 $\gamma K/2$，N 区域的资本数量为 $(1-\gamma)K$。

3.4.1　代理人行为分析

1. 消费者行为

所有的消费者具有相同的偏好，H 区域消费者效用函数可以表示为 C－D 形式：

$$U = \mu \ln C_M + (1-\mu) \ln C_A,$$

$$C_M = \Big[\sum_{i=1}^{n} c_i (H)^{\frac{\delta-1}{\delta}} + \sum_{i=1}^{n} c_i (F)^{\frac{\delta-1}{\delta}} + \sum_{i=1}^{n} c_i (N)^{\frac{\delta-1}{\delta}} \Big]^{\frac{\delta}{\delta-1}}$$

$$(3-47)$$

H 区域典型的城市消费者面临的预算约束为：

$$p_A C_A + P_M(H) C_M(H) = y,$$

$$P_M(H) = \Big\{ \sum_{i=1}^{n} p_i (H)^{-(\delta-1)} + \sum_{i=1}^{n} \big[\rho^{\delta-1} \tau p_i (F) \big]^{-(\delta-1)}$$

$$+ \sum_{i=1}^{n} \big[(1-\rho)^{\delta-1} \tau p_i (F) \big]^{-(\delta-1)} \Big\}^{\frac{-1}{(\delta-1)}} \quad (3-48)$$

可以得到消费者的需求函数为：

$$C_M(H) = \frac{\mu y(H)}{P_M(H)},$$

$$C_A(H) = \frac{(1-\mu) y(H)}{p_A(H)},$$

$$c_i = \mu p_i (H)^{-\delta} \big[P_M (H)^{\delta-1} y(H) + \rho \phi P_M (F)^{\delta-1} y(F)$$

$$+ (1-\rho) \phi P_M (N)^{\delta-1} y(N) \big] \quad (3-49)$$

H 区域消费者的间接效用函数为：

$$V = \mu \ln \mu + (1-\mu) \ln(1-\mu) + \ln y(H)$$

$$- \mu \ln P_M(H) - (1-\mu) \ln p_A(H) \quad (3-50)$$

2. 农业部门生产

H 区域和 F 区域的有效农民比重为 θ（H）和 θ（F），三地之间农产品交易不存在贸易成本，农业总收入相等，即 L_A（H）θ（H）$= L_A$（F）θ（F）$= L_A$（N）$= 1$。

3. 工业部门生产

H 区域企业的生产成本、利润函数、均衡产量同 3.3 节。令资本总数为 μ，则 H 区域、F 区域和 N 区域的产品种类分别为 $\gamma\mu/2$、$\gamma\mu/2$ 和（$1-\gamma$）μ。令 $[w（H）/w（F）]^{-(\delta-1)} = W_1$、$[w（H）/w（N）]^{-(\delta-1)} = W_2$，假设所有工业产品同质，所以：

$$
\begin{cases}
\begin{aligned}
P_M(H) &= \{n(H)p_i(H)^{-(\delta-1)} + n(F)[\rho^{-1/(\delta-1)}\tau p_i(F)]^{-(\delta-1)} \\
&\quad + n(N)[(1-\rho)^{-1/(\delta-1)}\tau p_i(N)^{-(\delta-1)}]\}^{-1/(\delta-1)} \\
&= p_i(H)[\frac{\gamma\mu}{2} + \frac{\gamma\mu}{2}\rho\phi W_1^{-1} + \mu(1-\gamma)(1-\rho)\phi W_2^{-1}]^{-1/(\delta-1)} \\
P_M(F) &= \{n(F)p_i(F)^{-(\delta-1)} + n(H)[\rho^{-1/(\delta-1)}\tau p_i(H)]^{-(\delta-1)} \\
&\quad + n(N)[\tau p_i(N)^{-(\delta-1)}]\}^{-1/(\delta-1)} \\
&= p_i(F)[\frac{\gamma\mu}{2} + \frac{\gamma\mu}{2}\rho\phi W_1 + \mu(1-\gamma)\phi\frac{W_1}{W_2}]^{-1/(\delta-1)} \\
P_M(N) &= \{n(N)p_i(N)^{-(\delta-1)} + n(H)[(1-\rho)^{-1/(\delta-1)}\tau p_i(H)]^{-(\delta-1)} \\
&\quad + n(F)[\tau p_i(N)^{-(\delta-1)}]\}^{-1/(\delta-1)} \\
&= p_i(N)[\frac{\gamma\mu}{2} + \frac{\gamma\mu}{2}(1-\rho)\phi W_2 + \mu(1-\gamma)\phi\frac{W_2}{W_1}]^{-1/(\delta-1)}
\end{aligned}
\end{cases}
$$

$$(3-51)$$

3.4.2　均衡分析

当三个区域每个区域的市场供求均衡时，达到市场出清的条件。即：

$$
\begin{cases}
\dfrac{R(H)(\delta-1)}{\alpha} = p_i(H)^{-\delta}P_M(H)^{\delta-1}\mu Y(H) + \rho^{-1/(\delta-1)} \\[2mm]
\qquad\quad \tau\big[\rho^{-1/(\delta-1)}\tau p_i(H)\big]^{-\delta}P_M(F)^{\delta-1}\mu Y(F) \\[2mm]
\qquad\quad + (1-\rho)^{-1/(\delta-1)}\tau\big[(1-\rho)^{-1/(\delta-1)}\tau p_i(H)\big]^{-\delta} \\[2mm]
\qquad\quad P_M(N)^{\delta-1}\mu Y(N) \\[3mm]
\dfrac{R(F)(\delta-1)}{\alpha} = p_i(F)^{-\delta}P_M(F)^{\delta-1}\mu Y(F) + \rho^{-1/(\delta-1)} \\[2mm]
\qquad\quad \tau\big[\rho^{-1/(\delta-1)}\tau p_i(F)\big]^{-\delta}P_M(H)^{\delta-1}\mu Y(H) \\[2mm]
\qquad\quad + \tau\big[\tau p_i(F)\big]^{-\delta}P_M(N)^{\delta-1}\mu Y(N) \\[3mm]
\dfrac{R(N)(\delta-1)}{\alpha} = p_i(N)^{-\delta}P_M(N)^{\delta-1}\mu Y(N) + (1-\rho)^{-1/(\delta-1)} \\[2mm]
\qquad\quad \tau\big[(1-\rho)^{-1/(\delta-1)}\tau p_i(N)\big]^{-\delta}P_M(H)^{\delta-1}\mu Y(H) \\[2mm]
\qquad\quad + \tau\big[p_i(N)\big]^{-\delta}P_M(F)^{\delta-1}\mu Y(F)
\end{cases}
\tag{3-52}
$$

化简后可得：

$$
\begin{cases}
r(H)\delta = \dfrac{2W_1W_2}{\gamma W_1W_2 + \gamma\phi\rho W_2 + 2(1-\gamma)(1-\rho)\phi W_1} \\[3mm]
\qquad\quad \cdot Y(H) + \dfrac{2\rho\phi W_1W_2}{\gamma W_2 + \gamma\rho\phi W_1W_2 + 2(1-\gamma)\phi W_1}\cdot Y(F) \\[4mm]
\qquad\quad + \dfrac{2(1-\rho)\phi W_1W_2}{\gamma W_1 + \gamma(1-\rho)\phi W_1W_2 + 2(1-\gamma)\phi W_2}\cdot Y(N) \\[4mm]
r(F)\delta = \dfrac{2\rho\phi W_2}{\gamma W_1W_2 + \gamma\phi\rho W_2 + 2(1-\gamma)(1-\rho)\phi W_1}
\end{cases}
$$

$$
\begin{cases}
\cdot Y(H) + \dfrac{2W_2}{\gamma W_2 + \gamma\phi\rho W_1 W_2 + 2(1-\gamma)\phi W_1} \cdot Y(F) \\[3mm]
\quad + \dfrac{2\phi W_2}{\gamma W_1 + \gamma(1-\rho)\phi W_1 W_2 + 2(1-\gamma)\phi W_2} \cdot Y(N) \\[3mm]
r(N)\delta = \dfrac{2(1-\rho)\phi W_1}{\gamma W_1 W_2 + \gamma\phi\rho W_2 + 2(1-\gamma)(1-\rho)\phi W_1} \\[3mm]
\quad \cdot Y(H) + \dfrac{2\phi W_1}{\gamma W_2 + \gamma\phi\rho W_1 W_2 + 2(1-\gamma)\phi W_1} \cdot Y(F) \\[3mm]
\quad + \dfrac{2W_1}{\gamma W_1 + \gamma(1-\rho)\phi W_1 W_2 + 2(1-\gamma)\phi W_2} \cdot Y(N)
\end{cases}
$$

$$(3-53)$$

其中，$Y(H)$、$Y(F)$ 和 $Y(N)$ 的表达式为：

$$
\begin{cases}
Y(H) = 1 + \dfrac{\delta\gamma\mu r(H)}{2} \\[3mm]
Y(F) = 1 + \dfrac{\delta\gamma\mu r(F)}{2} \\[3mm]
Y(N) = 1 + \delta(1-\gamma)\mu r(N)
\end{cases}
$$

$$(3-54)$$

式（3-53）和式（3-54）决定了 $r(H)$、$r(F)$ 和 $r(N)$ 的大小，但是很难求出上式的解析解，我们可以根据均衡时的特征对以上系统展开分析。由于资本是可以自由流动的，所以当经济均衡时必有 $r(H) = r(F) = r(N) = r$，由此可得：

$$
r = \frac{3}{\delta(1-\mu)}
$$

$$(3-55)$$

同时，我们可以得到市场规模 $\gamma(H)$ 同相对工资 W_1 和 W_2、三个区域的相对距离 ρ 以及贸易成本 ϕ 之间的关系：

$$\gamma(H) = \cfrac{-\phi W_1 + \cfrac{h(af - bc)}{ae - cd}}{W_1[\phi(\rho W_2 - 2) + 1] + \cfrac{af - bc[W_2(W_1 + \phi\rho) + zh]}{ae - cd}}$$

$$(3 - 56)$$

其中:

$$a = W_1 - \phi W_2$$

$$b = W_2 - \phi W_1$$

$$c = \rho W_1 - W_1 + 1$$

$$d = \phi\rho W_1 - \phi W_1 + \phi\rho W_2$$

$$e = W_1 - \phi\rho$$

$$f = \phi\rho W_2 - 1$$

$$h = \phi W_1(\rho - 1)$$

3.4.3　相对距离、市场规模与空间临近效应

1. H 与 F 的相对距离对市场规模的影响

式 (3 - 56) 中, 贸易成本不仅通过 ϕ 有所体现, 更为重要的是同 H 区域和 F 区域之间的距离 ρ 密切相关。图 3 - 8 中显示的是, 当 $\phi = 0.25/0.5/0.75$、$W_1 = 1$、$W_2 = 5$ 时 $\gamma(H)$ 同 ρ 的关系。可以发现, 在以上条件下, H 区域和 F 区域的相对距离在逐步增加, 与此同时, H 区域和 N 区域的距离逐渐缩短了。可以看出, 随着 H 区域和 F 区域距离的变化, H 区域的市场规模逐渐增加, 同时, H 区域的市场规模受到 N 区域的影响, 从而又限制了其大小。在图中, H 区域的市场规模随着 F 区域的相对距离增加而增加, 到一定的程度时达到最大, 但是随着与 F 区域的距离的进一步增加, N 区域对 H 区域的影响开始逐渐显现, H 区域的市场规模开始逐渐缩小。当

H 区域与 F 区域的相对距离为 1 时，此时 H 区域与 N 区域处于同一地点，H 区域的市场规模缩减到接近于 0。

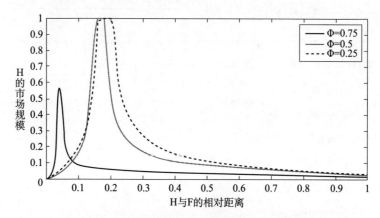

**图 3 – 8　不同贸易成本下 F 区域的市场规模
与同 H 区域的相对距离的关系**

另一个对 H 区域市场规模产生影响的是贸易成本的影响，可以看出，随着贸易成本的下降（φ 值变大），区域间的贸易变得更为便捷，区域间的相互影响会越来越强，因此，同等距离下 H 区域的市场规模会变大，并有可能形成了新的"核心—边缘"结构。相反，当贸易成本极高时（φ = 0.25），H 区域和 F 区域更趋近于对称分布的情形，H 区域的市场规模也会相应变小，受 N 区域的影响也会减弱。贸易成本和区域距离同样会影响区域间的移民，下面详细讨论这一情况。

2. 劳动力迁移方程

在移民可以在 H 区域和 F 区域之间自由流动（尽管存在户籍歧视，但是区域对于移民的流入是没有限制的）的情况下，区域间的福利势能构成了对移民的主要作用力。根据式（3 – 50），H 区域和 F 区域市民的福利差别可以表示为：

$$\begin{cases} \Delta V_C = \ln \dfrac{\left[\lambda_F L_B(F) + L_C(F)\right]\left[L_B(H) + L_C(H)\right]}{\left[L_B(F) + L_C(F)\right]\left[\lambda_H L_B(H) + L_C(H)\right]} + \dfrac{1 - \mu}{\delta - 1}\ln W_1 - \\ \qquad \dfrac{\mu}{\delta - 1}\ln \dfrac{\gamma\mu W_1 W_2 + \gamma\mu\rho\phi W_2 + 2\mu\phi(1 - \gamma)(1 - \rho)W_1}{\gamma\mu W_1 W_2 + \gamma\mu\rho\phi W_1^2 W_2 + 2\mu\phi(1 - \gamma)W_1^2} \\[2mm] \Delta V_B(HH) = \ln \dfrac{\lambda_H(\delta - 1)\gamma\mu r(H)}{\theta(H)\left[\lambda_H L_B(H) + L_C(H)\right]} \\[2mm] \Delta V_B(HF) = \ln \dfrac{(\delta - 1)\gamma\lambda_F \mu r(F)}{\theta(H)\left[\lambda_F L_B(F) + L_C(F)\right]} - \dfrac{\mu}{\delta - 1}\ln W_1 - \\ \qquad \dfrac{\mu}{\delta - 1}\ln \dfrac{\gamma\mu W_1 W_2 + \gamma\mu\rho\phi W_2 + 2\mu\phi(1 - \gamma)(1 - \rho)W_1}{\gamma\mu W_1 W_2 + \gamma\mu\rho\phi W_1^2 W_2 + 2\mu\phi(1 - \gamma)W_1^2} \end{cases}$$

$$(3 - 57)$$

H 区域的农民选择到 H 区域的城市工作还是到 F 区域的城市工作，取决于 $\Delta V_B(HH)$ 和 $\Delta V_B(HF)$ 的大小。令 $\Delta V_K = \Delta V_B(HH) - \Delta V_B(HF)$，则有：

$$\Delta V_K = \ln \frac{\lambda_H}{\lambda_F} + \ln \frac{\lambda_F L_B(F) + L_C(F)}{L_B(H)\lambda_H + L_C(H)} + \frac{\mu}{\delta - 1}\ln W_1$$

$$+ \frac{\mu}{\delta - 1}\ln \frac{\gamma\mu W_1 W_2 + \gamma\mu\rho\phi W_2 + 2\mu\phi(1 - \gamma)(1 - \rho)W_1}{\gamma\mu W_1 W_2 + \gamma\mu\rho\phi W_1^2 W_2 + 2\mu\phi(1 - \gamma)W_1^2}$$

$$(3 - 58)$$

由于 ΔV_K 的形式较为复杂，我们可以通过数值模拟的方式对其展开分析。图 3 - 9 显示了当 $\phi = 0.25/0.5/0.75$、$W_1 = 1$、$W_2 = 5$、$\lambda_H = 0.3$、$\lambda_F = 0.8$、$L_B(H) = L_B(F) = 1$、$L_C(H) = L_C(F) = 0.2$、$u = 0.7$、$\delta = 5$ 时，H 区域与 F 区域的福利差异同 H 区域和 F 区域的相对距离的关系。综合前面两节的结论可知，H 区域的非完全移民福利随同 N 区域的距离的减少而增加，随同 F 区域的距离先增加再减小。因此，H 区域和 F 区域之间的福利差距曲线会随着 H 区域和 F 区域之间的相对距离呈现如图 3 - 9 的变化轨迹。尽管 H 区域和 F 区域的农民不能向 N 区域转移，但是 H 区域和 F 区域的福利可以通过和 N 区域之间的贸易加以改善，随着同 N 区域的距离的不断拉近，同 N 区域之间的贸易成本不断降低，从而降低本区域的工业品价格指数，并通过价格指数效应进一步提升区域的福利。H 区域和 F 区域，每一个区域都受到 H 区域、F 区域和 N 区域三个区域中另外两个区域的作用力，这些作用力的合力随它们之间相对距离的改变而变化，并通过区域的间接福利有所体现。以上的福利差距曲线实际上也是移民数量的变化曲线，因为在本书的模型中，移民的流向主要取决于区域间非完全移民的福利差距。

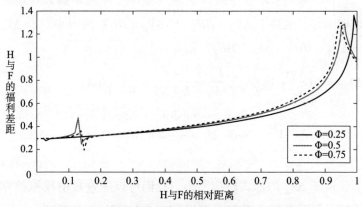

图 3 - 9　两区域对于农民的福利差异与 H 区域和
F 区域的相对距离的关系

3. 空间临近效应

从图 3 - 9 可知，随着 H 区域与 F 区域的相对距离的增加，它们的相互影响不断减弱，同时，H 区域同 N 区域之间的距离会不断拉近，它们的相互作用不断加强。因此，H 区域和 F 区域之间的福利差距呈现先增加后减小再进一步增加的轨迹。当 H 区域和 F 区域距离很近时，两地同 N 区域的距离较远，因此，H 区域和 N 区域之间福利存在较大的差距。当 H 区域和 F 区域的福利差距较近，如 H 区域和 F 区域距离为 0，它们的福利差距仅由户籍歧视的不同而造成。但是由于距离较近，H 区域的市场规模会受到限制，因此福利提升不明显。随着 H 区域与 F 区域之间距离的不断拉远，H 区域本地的市场规模不断扩大，由于工业规模报酬递增效应，从而在 H 区域工作的非完全移民的福利会进一步增加。直到到达某一点，此时 N 区域和 F 区域对 H 区域的作用力的合力达到最小，H 区域的规模报酬递增效应达到最大，此时，H 区域同 F 区域之间的福利差距达到一个极大值点，H 区域、F 区域和 N 区域的发展呈现出一种"双核"模式，本身较为发达的 N 区域是一个核心，N 区域和 F 区域中间的 H 区域又成为一个核心。之后，随着 H 区域和 F 区域之间距离的进一步扩大，H 区域的福利随着同 F 区域的距离的扩大而减小，且此时减小的幅度大于由于距离 N 区域更近而增加的幅度，因此，H 区域和 F 区域之间的福利差距呈现一种缩小的趋势，直到某一点达到了一个极小值。之后，由于距 N 区域较近而导致的福利上升大于距 F 区域变远而导致的福利下降，从而 H 区域非完全移民的福利开始上升。直到距离 N 区域的某一点后，达到最大，此时的区域发展是一种更为明显的"双核"模式，由两个距离较近的"极核"和其他"边缘"区域组成。之后，随着 H 区域同 N 区域的距离的进一步缩短，由于贸易成本的下降使得贸易代替生产成为产品多样化的主要方式，因此市场规模反而受到限制，开始逐渐缩小，H 区域和 F 区域之间的福利差距又开始缩小。直到 H 区域和 N 区域之间的距离为 0 时，H 区域和 N 区域之间的差异主要由市场分割而造成，H区域和F区域之间的差距也主要由市场分割而导致。实际上，我们可以把这种由于距离的接近而导致城镇化过程中非完全移民的福利差距的变化称之为城镇化的空间临近效应。它由两种效应组成：一是随区域距离的接近使得贸易成本降低，从而导致区域福利增加；二是由于距离的接近而导致区域市场规模缩小，从而使得区域福利下降。这两种效应的综合作用，导致了区域非完全移民福利的最终变化形式。可以确定的一点是，同现代化和市场规模较大的区域距离的接近相比，同市场规模较小的区域的接近更能提升本区域的福利情况。

以上分析可以得出以下结论。

结论4：在包含有三个区域的带状线性经济体中，当三个区域之间的距离处于一定范围时，带状区域发展可以呈现出一种双核心模型，在此成为城镇化的"双核"模式。

结论5：城镇化的过程中，由于区域之间距离的不同会导致区域间相互作用的不同，距离较近的区域之间存在"空间临近"效应，它由市场价格效应和市场规模效应两种效应组成。市场价格效应指由于距离较近而导致贸易成本的下降，从而使得区域价格指数下降的效应；市场规模效应指的是由于距离的拉近而导致区域本地市场规模受到限制的效应。

结论6：一个区域距离城镇化水平高的区域的距离越近，它本身的城镇化水平会越高，这可以称之为城镇化的空间扩散效应。

3.5 小结

户籍歧视、二元制度和区域差异构成了本章分析长江经济带城镇化问题的关键词。把典型的二元经济理论和新经济地理理论结合起来，并从一个封闭区域，拓展到存在贸易的两个开放区域和存在贸易的三个开放区域时，我们得到了在一定程度上能够解释长江经济带城镇化现状的一些结论，并进一步发现了带状经济城镇化过程中存在空间临近效应和空间扩散效应两种空间效应，从而为长江经济带现有空间格局的存在提供了一点理论合理性。

总的来看，本章得到的主要结论包括以下方面。

第一，二元经济中，户籍歧视的存在不利于城镇化水平的提升，它使得农村劳动供给变得缺乏弹性，并降低了农村剩余劳动力的供给，使得那些有去城市工作意愿的人放弃了向城市移民，从而导致了城镇化过程中劳动力资源的错配。由于大量的农村劳动力被限制在农村继续工作，因而不利于农村隐性失业的减少，更不利于农业劳动生产率的提升。因此，进一步放松户籍管制，减少户籍歧视，对于我国来说，有助于城镇化水平的提升和"人口红利"的进一步释放。

第二，当劳动力可以自由地在区域之间流动时，在区域间处于开放和自由贸易的条件下，一个区域工业化水平的提升不仅能提升本地的城镇化水平，同时，由于区域城镇化进程中的竞争作用而促使另外一个区域工业化和农业现代化的完成，并能够间接提高另外一个区域的居民福利水平。从而在存在区域竞争的条件下，一个区域的工业化存在"空间外部性"，它能够改变另外一个区域的城镇化状况。这意味着促进长江经济带区域一体化的完成，减少市场和行政分割，将有利于整个区域的城镇化水平的提升。

第三，在带状经济体的城镇化进程中，距离由于可以通过空间临近效应和产生空间扩散效应而显得较为突出。包含三个区域的带状经济体在三个区域距离合适的情况下，容易产生城镇化的"双核"或者"多核"模式，空间扩散效应则意味着在城镇化的进程中，拉近同工业化水平发达或城镇化水平较高的区域的"距离"，对于提高本区域的城镇化水平有积极的作用。区域之间应该尽量减少交易成本，这将有助于区域城镇化水平的提升。

第4章　长江经济带城镇化的
空间格局

　　要研究长江经济带城镇化的空间效应，首先需要明确的是其城镇化的空间差异格局。可以从实证和经验研究的视角来解决这一问题。尽管 2014 年中国总体城镇化率已经达到了54.77%，然而，全国各区域的城镇化进程却并不一致。总体看，东部地区城镇化水平较高，中西部地区城镇化水平较低。长江经济带横贯我国东、中、西部，与全国城镇化的空间分布格局相比，既有共性，但也有其独特之处，各区域城镇化进程并不同步。以全国第六次人口普查数据为基准，长三角城市群的常住人口城镇化率为55.25%，长江中游城市群为45.44%，成渝城市圈为37.20%，黔中城市圈为33.00%，滇中城市圈为31.5%；以户籍人口为计算标准，以上城市群的城镇化率均未超过35%（见表4-1）。可以看出，受各城市群发育程度和发展阶段制约，以城市群来划分的长江经济带城镇化存在明显的空间差异，因而在未来的发展中需要差异化的城镇化政策。

　　城镇化格局既包括城镇化空间格局，又包括其规模格局。以下围绕着两个方面深入展开，并从经验研究的角度给出一定的解释。

表4-1   "六普"长江经济带各城市群的城镇化率　　　单位:%

城市群	常住人口城镇化率	户籍人口城镇化率
长三角城市群	55.25	30.39
长江中游城市群	45.44	26.66
成渝城市圈	37.20	25.01
黔中城市圈	33.00	18.87
滇中城市圈	31.50	15.43

4.1　数据来源与研究方法

4.1.1　数据来源

1. 研究的基本单位与时段

研究区域为长江经济带,范围涉及9省2市共计11个省级行政单元。现拟以这11个省级行政单元中的130个地、市、区级行政单元为研究的基本单位,分析长江经济带城镇化的空间差异格局。书中大部分数据选取了2003～2013年的数据,之所以选取2003年为时间节点,主要的考虑如下:第一,2003年之后,中国的诸多政策均有变化,2003年后也被称为中国城市"自由竞争"的时代;第二,研究基本单元为主要城市行政单元,各城市的统计数据各有特点,在综合比较、权衡了数据的可获取性和全面性等方面后,决定以2003年为研究起点,以保证各个地级市的准确和全面。另外,2000年和2010年的第五次、第六次全国人口普查提供了翔实准确的数据,因而书中部分内容同样以2000年和2010年作为时间节点加以比较分析。

2. 指标的选取

城镇化是一个综合复杂的系统过程，关于城镇化水平的衡量历来都存在争议。城镇化率是度量城镇化水平的一个直接标准。目前，使用最多的是用城镇人口占常住人口的比重来衡量一国的城镇化率。但是，我国的城镇化同时具有一定的特殊性，农业人口在"市化"或"镇化"的过程中受到了户籍制度的束缚。"户籍制度"给了在城市工作的"原住民"和"后来居民"一个身份标签，由于城市偏向的公共政策，城市中拥有"城市户口"的人能够享有更多的基础设施和公共服务，从而造成了城市和乡村之间以及城市内部的"市民"和"非市民"之间的发展不均衡。因此，有学者使用户籍人口城镇化率来衡量我国城镇化的真实水平。

两个衡量指标各有优劣，常住人口城镇化率能够更加准确地描述人口在城市的集聚状态，户籍人口城镇化率在描述城乡基础和公共服务设施均等化方面更胜一筹。因此，本章在对长江经济带城镇化水平的衡量上分别采用了以上两个指标。

另外，研究中也常用城市规模和城市体系来衡量城镇化的规模格局是否合理，在此采用城市常住人口这一指标来进行衡量。

城市发达的经济水平是人口由农村流向城市的直接动力，也是城市工业化和现代化水平的直接体现。因而在进行城镇化格局分析时，必须要考虑城市的经济格局。选取人均 GDP 衡量城市经济发展水平，GDP 密度衡量城市经济集聚程度，用第一、第二、第三产业占 GDP 的比重衡量城市的产业结构。

3. 数据说明与处理

数据来源包括：（1）2004～2014 年的《中国区域经济统

计年鉴》和《中国城市统计年鉴》；（2）2004～2014年各省份的统计年鉴；（3）对于部分缺失的数据（主要是研究涉及的民族自治区地区），由当地统计局网站或者通过该地区的"国民经济社会统计公报"等得出；（4）通过（1）、（2）、（3）无法获得的数据（主要包括个别少数民族自治区，仙桃、天门、潜江地区和神农架地区，以及部分城市的个别年份的数据），通过插值处理的方法得到；（5）本书同样使用了2000年和2013年中国人口普查数据来对比分析长江经济带常住人口城镇化和户籍人口城镇化问题。

4.1.2 研究方法

空间格局和空间差异是区域经济学研究的热点问题之一，并且随着 GIS 技术的兴起，结合地理统计方法诞生了一系列分析空间分布和空间格局的手段，同时，ArcGIS 软件的应用为这些研究提供了良好的可视化平台。经济学对于经济空间格局的关注得益于安瑟兰（Anselin）的工作，以他为代表开发的 GeoDA 软件受到了经济学研究者的广泛应用。本书综合了经济地理学和经济学两个方面的研究方法，并对部分研究进行了可视化处理。主要用到的研究方法包括泰尔指数、探索性空间数据分析、Vonoria 图等。

1. 泰尔指数（Theil entropy）

泰尔指数是衡量区域差异的重要指标，为各地相关指标的加权几何平均，并可以按照一定的标准分组，将差异分解成为组内差异和组间差异。泰尔指数的数学表达式为：

$$T = \sum_{i=1}^{n} \frac{y_{ij}}{y} \ln\left(\frac{y_{ij}/y}{\frac{1}{n}}\right) y \tag{4-1}$$

$$T = T_b + T_w = \sum_{j=1}^{J} \frac{y_j}{y} \ln \frac{y_j}{n_j/n} + \sum_{j=1}^{J} \frac{y_j}{y} \left(\sum_{i=1}^{j} \frac{y_{ij}}{y_j} \ln \frac{y_{ij}/y_j}{1/n_j} \right)$$

$$(4-2)$$

$$T_b = \sum_{j=1}^{J} \frac{y_j}{y} \ln \frac{y_j}{n_j/n} \qquad (4-3)$$

$$T_w = \sum_{j=1}^{J} \frac{y_j}{y} \left(\sum_{i=1}^{j} \frac{y_{ij}}{y_j} \ln \frac{y_{ij}/y_j}{1/n_j} \right) \qquad (4-4)$$

2. 探索性空间数据分析（ESDA）

本书拟采用 Moran's I 测度长江经济带新型城镇化的全局空间自相关程度，采用 Moran 散点图和 LISA（local indicators of spatial association）分析局部空间相关和集聚情况。Moran' I 的计算可用公式表示为：

$$I_i = \frac{n \sum_{i=1}^{n} \sum_{j=1}^{n} \omega_{ij} (x_i - \bar{x})(x_j - \bar{x})}{\sum_{i=1}^{n} \sum_{j=1}^{n} \omega_{ij} \sum_{i=1}^{n} (x_i - \bar{x})^2} \qquad (4-5)$$

其中，x_i 和 x_j 表示区域要素属性在相邻空间单元上的取值，$\bar{x}$ 为均值；n 为空间单元总数，ω_{ij} 为空间权重矩阵，本书采用 rook 邻接矩阵表示。以标准化后的空间单元观测值为横轴，以相邻区域标准化后的空间单元观测值为纵轴，可做 Moran 散点图。通常结合 LISA 分析来考察空间局部相关的显著性水平。LISA 可用公式表示为：

$$LISA = z_i \sum_{j=1}^{n} \omega_{ij} z_j \, (i \neq j) \qquad (4-6)$$

其中，z_i 和 z_j 为空间单元 i 和 j 的标准化后的观测值，ω_{ij} 是行标准化的空间权重矩阵。

3. Voronoi 图

Voronoi 图是依据平面内不重合的点对平面的一种划

分。Voronoi 图在划分经济客体范围，划分城市影响力范围方面具有广泛的研究，后人又根据自己的实际研究需要提出了 K 阶 Voronoi 图等多种改进，其中，应用较广的是加权 Voronoi 图。Voronoi 图的隐含假设是经济活动的均质空间以及人类各种活动的最临近性原则。尽管这两个假设距离实际还有一定差距，但是这不影响我们使用 Voronoi 图来判断集聚体的存在。

4. 区位商法

区位商法用以衡量一个城市的基本活动和非基本活动。区位商由 L 指数和 B 指数两个指数组成，计算公式分别为（许学强、周一星、宁越敏，2009）：

$$L_i = \frac{e_i/e_t}{E_i/E_t}(i = 1,2,3,\cdots,n) \tag{4-7}$$

$$B_i = e_i - \frac{E_i}{E_t} \cdot e_t(i = 1,2,3,\cdots,n) \tag{4-8}$$

4.2 长江经济带城镇化的空间差异格局

2010 年，长江经济带各城市的常住人口城镇化率均值已经达到了 44.56%，户籍人口城镇化率的均值为 25.64%。以上两个数据的差异也说明了这样一个事实：城镇化的过程也是一个人口迁移的过程，不仅是人口由农业转为非农业，由农村转到城市，同时，还是农业人口在城市之间的迁移。在城市的分布上，长江经济带既包括了上海这样的超级城市，也包括了诸如景洪这样的边陲小城，人口在这些城市之间的流动势必会塑造长江经济带新的城镇化空间格局，因而有必要先对长江经济带城镇化的空间格局和空间差异展开分析。

4.2.1　长江经济带城镇化的整体空间特征

图 4 - 1 和图 4 - 2 为 2000 年和 2010 年以常住人口城镇化率和户籍人口城镇化率来代表的长江经济带城镇化水平空间分布图，展示了 2000 年和 2010 年长江经济带城镇化水平的空间格局。

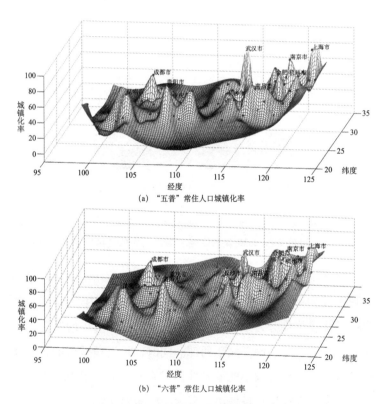

(a)　"五普"常住人口城镇化率

(b)　"六普"常住人口城镇化率

图 4 - 1　2000 年和 2010 年长江经济带常住人口城镇化率空间分布

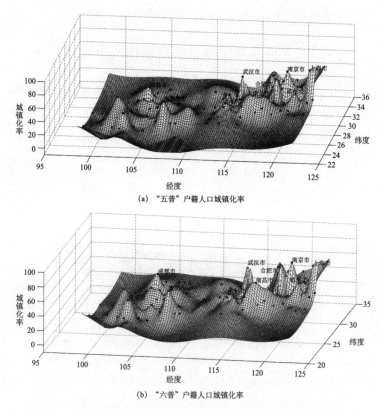

(a) "五普"户籍人口城镇化率

(b) "六普"户籍人口城镇化率

图 4 - 2 2000 年和 2010 年长江经济带户籍人口城镇化率空间分布

从图示结果可以看出，长江经济带城镇化水平的空间格局呈现出较为明显的"反地势"分布特征和"圈层"特征。如果把长江经济带分为东、中、西三大区域，则对于城镇化水平有东部大于中部、中部大于西部。同时，长三角城市群、长江中游城市群表现出较小的差异性，成渝城市群、黔中城市圈和滇中城市圈表现出首位城市具有较高的城镇化水平、城市圈内部的差异性较大的特征。

从 2010 年和 2000 年两个时间节点的比较来看，2010 年，长江经济带的常住人口城镇化水平得到了普遍的提升，并且上海、武汉、重庆等大城市的上升速度明显高于其他地区，四川西部、云南东部和北部则变化不大。从常住人口城镇化率的变化趋势上不难看出，人口向区域内部首位城市和大城市迁移的集聚趋势。2010 年的户籍人口城镇化率同 2000 年相比变化却并不显著。除上海、杭州、合肥、南昌、武汉、长沙、成都、重庆、贵阳、昆明等城市具有较为明显的提升外，其余城市略有提升，但变化并不明显，这也表明了由于户籍制度的限制，实际上能够真正享有城镇化成果的人口增加并不明显。尽管不是很明显，但是从长江经济带户籍人口城镇化水平的空间分布中依然可以看出，东部和中部城镇化发展水平逐渐超过了西部。

从常住人口城镇化水平空间分布和户籍人口城镇化水平空间的横向比较上来看，2000 年和 2010 年，长江经济带的常住人口城镇化水平均高于户籍人口的城镇化水平。值得注意的是，2010 年，两者的差距显然要比 2000 年的大，这表明 2000 ~ 2010 年，城市内部的二元结构随时间增大了，统计上的数据同样说明了这一趋势。表 4 - 2 展示了 2010 年和 2000 年长江经济带常住人口城镇化水平和户籍人口城镇化水平的差异，并给出了比较它们均值的 t 检验值。可以发现，对于长江经济带的五个城市群的检验均在 10% 的显著性水平下通过假设检验，且长三角城市群和长江中游城市群常住人口和户籍人口城镇化水平的差异要比西部的几个城市群大。这也就说明了户籍制度的限制，使得那些人口迁入多的城市内部的二元结构极化了，并且随着迁入人口的增加，也就是城镇化进程的推进，这种城市内部的不均衡性增加了。

表 4 - 2　　　　　2000 年和 2010 年常住人口和
户籍人口城镇化水平差异及均值检验

城市群	常住人口和户籍人口城镇化水平的差异		均值检验
	2000 年	2010 年	t 值
长三角城市群	0.1493	0.2486	12.0475 ***
长江中游城市群	0.0978	0.1877	10.7396 ***
成渝城市圈	0.0729	0.1219	6.4675 ***
黔中城市圈	0.1184	0.1413	1.4563 *
滇中城市圈	0.0783	0.1607	4.8882 ***

注：***、**、*分别表示在 1%、5% 和 10% 的显著性水平下通过检验。

4.2.2　长江经济带城镇化水平的空间差异类型

为进一步分析长江经济带新型城镇化水平区域间的差异，本书根据式（4-2）、式（4-3）和式（4-4），计算了 2000 年和 2010 年长江经济带常住人口城镇化水平和户籍人口城镇化水平的泰尔指数，并分别按照东、中、西部与长三角城市群、长江中游城市群、成渝城市群、黔中和滇中城市圈加以分解，接着计算了每一区域对总体差异的贡献率。计算结果见表 4-3。

表 4 - 3　　　长江经济带城镇化率的泰尔指数及分解

泰尔指数及分解	常住人口		户籍人口	
	2000 年	2010 年	2000 年	2010 年
泰尔系数	0.0954	0.0523	0.1003	0.0886
按东中西部分组				
东部贡献	14.73%	7.00%	18.83%	15.89%
中部贡献	32.19%	27.22%	39.20%	40.29%
西部贡献	28.46%	26.07%	27.08%	30.32%
组间差异贡献	24.63%	39.71%	14.90%	13.50%

泰尔指数及分解	常住人口		户籍人口	
	2000 年	2010 年	2000 年	2010 年
按城市群分组				
长三角城市群贡献	31. 27%	22. 81%	38. 32%	37. 11%
长江中游城市群贡献	21. 12%	15. 57%	20. 15%	17. 97%
成渝城市群贡献	11. 48%	9. 77%	11. 27%	9. 08%
黔中城市圈贡献	6. 25%	5. 77%	8. 07%	7. 06%
滇中城市圈贡献	9. 37%	8. 96%	6. 55%	6. 81%
组间差异贡献	20. 50%	37. 11%	15. 64%	21. 97%

　　结果表明，无论是从常住人口看还是从户籍人口看，
2000～2010 年，长江经济带城镇化水平的差异变小了，意味
着各城市间的城镇化水平的差异缩小了。但是，从各分组差异
对总差异的贡献来看，基于常住人口和基于户籍人口的统计标
准给出了不一致的结果。以常住人口城镇化率为统计口径的差
异分解显示，从东、中、西部的分组看，2010 年相比 2000
年，东、中、西部城市内部差异有缩小的趋势，东部减少最
多、中部次之、西部最少，东、中、西部之间的差异却显著增
加，由 24.63% 增长到了 39.71%。这表明东、中、西部之间
的差距越来越大，但是内部却有"俱乐部"趋同的趋势。按
照城市群分组计算得到了类似的结论：长三角城市群、长江中
游城市群内部的差异得到了大幅的减小，成渝城市群、黔中和
滇中城市群内部的差异有略微的缩减，但是变化不明显。同
时，几个城市群之间的差距大幅增加，由 20.50% 增长到
37.11%，这从某种程度上也表明了城市化水平的区域不平衡，
有些区域得到了大幅增长，有些区域却表现不佳。

　　从户籍人口城镇化统计口径的计算得到了不同的结论。从

按照东部、中部和西部分组计算的结果来看，东部地区城市间城镇化水平的差异减少了，中部和西部的差异增加了，而且西部增加的要比中部的大。同时，三大区域之间的差距变小了。从按照城市群分组的计算结果来看，长三角、长江中游、成渝和黔中城市群内部的差异均减小了，滇中城市圈内部的差异略微增加。同时，各个城市群城镇化水平之间的差距增加了，由15.64%变为21.97%，同样表明几个城市群之间的差异有所增加。由于户籍人口城镇化率没有过多地考虑外来迁入人口的影响，因而更多是本地人口增长水平的折射。从户籍人口城镇化率泰尔指数结果可以看出，长江经济带各城市的城镇化水平差异并不大，这也从侧面反映了实际上近年来能够享受城镇化发展成果的流动人口并不多。

从户籍人口差异和常住人口差异之间的差别同样可以体现上面的观点。与户籍人口城镇化水平的泰尔指数相比，考虑了流动人口的常住人口城镇化水平的泰尔指数在各区域分组或者各城市群分组内部的差异更小，说明了各分组内部人口流入水平相近，常住人口城镇化水平开始趋同，但是在分组之间，也就是东部、中部和西部或者各个城市群之间，常住人口城镇化水平的差异显著增加，这暗示了流动人口向东部集聚的事实。

长江经济带东、中、西部和各个城市群之间城镇化水平的差异以及内部贡献特征同各区域所处的经济发展阶段密切相关。在"核心—外围"经济结构中，中心城市在不同的发展阶段同周边城市有着不同的关系，这种关系主要体现在中心城市和周边城市的相互作用上，即中心城市对周边城市的集聚和扩散效应。当前者大于后者时，表现为要素向中心城市集聚的趋势，造成城乡和区域不平衡，城镇化水平的差异会增加，当扩散效应大于集聚效应时，中心城市的生产要素向周边溢出，从而城市间经济发展的趋同，表现为城镇化水平差异的缩小。长江经济带东、中、西部受所处区位和对外开放程度不同的影响，各地区的中心城市处于不同的发展阶段。以上海为代表的东部城市是我国最早的改革开放城市之一，市场化程度较高，同时，"苏南模式"的城镇化模式也使得生产要素在区域内部得到了较好的配置，城镇化水平差异不大。随着对外开放的不断深入和"中部崛起""西部大开发"等国家战略的实行，东部沿海产业逐渐向中西部地区转移，中部的长江中游城市群和西部的成渝城市群作为产业转移的重要承接地区，取得了较快的发展，造就了中西部城镇化水平的不同表现。同时，由于中心城市的集聚效应不同，导致了中西部非省会城市新型城镇化协调性差异对总差异的贡献不同。

4.2.3 长江经济带城镇化的空间集聚与演化

为进一步研究长江经济带城镇化的空间集聚和扩散效应，分别计算了全局 Moran's I 值和 LISA 值，并通过 Moran 散点图分析长江经济带城镇化水平的空间分布和演化趋势。表 4-4 显示了 2000 年和 2010 年长江经济带以及其内部各个城市群城镇化水平的全局 Moran's I 值。长江经济带整体的城镇化水平有显著的集聚现象，但是以常住人口城镇化率为统计口径的集聚趋势要远大于以户籍人口城镇化率为统计口径的趋势，表明现实中，人口集中向一些区域流动明显。与此同时，以常住人口城镇化率来计算的长三角城市群和长江中游城市群的全局 Moran's I 值也通过了显著性检验，表明人口向长三角和长江中游城市群集聚的趋势明显。但是，成渝城市群、黔中城市圈和滇中城市圈的全局 Moran's I 值都没有通过检验，人口集聚趋势不明显。而且，从人口流动数据来看，成渝城市群、滇中和黔中城市圈实际上为近年来的人口流出大省。如果用城市常住人口减去户籍人口作为一个城市净流动人口的代表的话，2010年，重庆市净流出人口430万人，毕节市净流出180万人，资阳市净流出136万人，昭通市净流出61万人。2010年，上海市人口净流入800万人，苏州市净流入400万人，宁波市净流入185万人，杭州市净流入182万人，武汉市净流入140万人。尽管这种统计方法略显粗糙，但是我们依然可以从中看出一些明显的趋势，2000～2010年，西部城市的人口在向东部城市集聚，并且这种趋势随时间加强了。

表4－4　　长江经济带城镇化率的全局自相关指数

指标	常住人口城镇化率		户籍人口城镇化率	
	2000 年	2010 年	2000 年	2010 年
Moran'I	0. 3220 ***	0. 4474 ***	0. 2044 ***	0. 2384 ***
Z 值	7. 1451	9. 9025	4. 5112	5. 2855
长三角城市群 Moran'I	0. 2052 **	0. 2213 ***	0. 0874	0. 0980
Z 值	2. 4368	2. 5907	1. 2047	1. 2885
长江中游城市群 Moran'I	0. 2127 ***	0. 1068	0. 0766	0. 0846
Z 值	2. 5877	1. 3650	1. 0877	1. 1708
城市成渝圈	－ 0. 1435	－ 0. 1337	－ 0. 1878	－ 0. 2428
Z 值	－ 0. 7867	－ 0. 6981	－ 1. 2987	－ 1. 5497
黔中城市群	－ 0. 1969	－ 0. 0714	－ 0. 2308	－ 0. 2187
Z 值	－ 0. 4413	0. 7320	－ 0. 7093	－ 0. 7296
滇中城市群	0. 0904	－ 0. 0387	0. 0097	－ 0. 1253
Z 值	1. 0085	0. 2010	0. 4522	－ 0. 4379

注：*** 、** 、*分别表示在1%、5%和10%的显著性水平下通过检验。

接着采用 Moran 散点图来分析。Moran 散点图根据空间单元属性值所处的不同象限把空间相关分为 HH、LH、LL 和 HL

四种类型，通常采用时空跃迁测度法来进一步刻画。时空跃迁可以被分为四种类型：类型Ⅰ为空间单元属性值仅在横轴上的变化，包括 $HH_t \rightarrow LH_{t+1}$、$LH_t \rightarrow HH_{t+1}$、$LL_t \rightarrow HL_{t+1}$，表示仅仅为省域自身的跃迁；类型Ⅱ为空间单元属性值仅在纵轴上的变化，包括 $HH_t \rightarrow HL_{t+1}$、$LH_t \rightarrow LL_{t+1}$、$LL_t \rightarrow LH_{t+1}$、$HL_t \rightarrow HH_{t+1}$，表示仅仅是相关空间临近单元的跃迁；类型Ⅲ为空间单元属性值同时在横纵轴上的变化，包括 $HH_t \rightarrow LL_{t+1}$、$LH_t \rightarrow HL_{t+1}$、$LL_t \rightarrow HH_{t+1}$、$HL_t \rightarrow LH_{t+1}$，表示某空间单元和其邻居均发生跃迁；类型Ⅳ表示空间单元保持相同水平，包括 $HH_t \rightarrow HH_{t+1}$、$LH_t \rightarrow LH_{t+1}$、$HL_t \rightarrow HL_{t+1}$、$LL_t \rightarrow LL_{t+1}$（李国平、王春杨，2012）。

从 2000 年和 2010 年长江经济带城镇化水平的 Moran's I 散点的跃迁类型来看，大部分城市处于Ⅳ型跃迁大类，即城镇化面临的空间关系没有太大的改变。另外，从常住人口城镇化水平来看，部分中、西部城市发生了Ⅰ型跃迁和Ⅱ型跃迁，约占总数的 6.92%。这表明中部和西部常住人口城镇化的集聚发生了变化，部分城市由流入型变成了流出型，部分城市由流出型变成了流入型。但是，户籍人口的Ⅰ型跃迁城市主要为东部和中部城市，约占总数的 5.38%。约 8.46% 的城市的常住人口城镇化水平和约 11.54% 的城市的户籍人口城镇化水平发生了Ⅱ型跃迁，同样是以中、西部城市为主。约 3.08%的城市的常住人口城镇化水平和约 2.31% 的城市的户籍人口城镇化水平发生了Ⅲ型跃迁（见表 4 - 5）。从总体的跃迁结果来看，2010 年，中部和西部的城镇化集聚格局发生了较大的变化。

表4-5　　　　2000～2010年长江经济带城镇化水平
Moran's I 散点时空跃迁

指标	I 型跃迁	II 型跃迁	III 型跃迁	IV 型跃迁
2000～2010年常住人口城镇化水平	咸宁市、荆州市、随州市、淮安市、孝感市、岳阳市、德宏傣族景颇族自治州、绵阳市、铜仁市	宜昌市、襄阳市、遵义市、黔东南苗族侗族自治州、蚌埠市、吉安市、抚州市、赣州市、郴州市、景德镇市、株洲市	神农架林区、宿迁市、连云港市、衡阳市	除 I、II、III 型外其余城市
2000～2010年户籍人口城镇化水平	宜春市、黄山市、淮安市、九江市、绍兴市、西双版纳傣族自治州、铜仁市	神农架林区、楚雄彝族自治州、岳阳市、常德市、衡阳市、郴州市、遵义市、眉山市、绵阳市、阿坝藏族羌族自治州、雅安市、六安市、乐山市、成都市、徐州市	德阳市、绵阳市、宿迁市	除 I、II、III 型外其余城市

　　通过对长江经济带城镇化水平的空间格局的分析可知：从整体看，长江经济带城镇化水平有集聚的趋势，但是长江经济带东部、中部、西部和各个城市群之间的城镇化水平存在着较大的差异，形成了城镇化水平差异分布的空间格局，东部、中部和西部区域有"俱乐部"趋同的趋势。从各个城市城镇化水平的跃迁和局部集聚效果来看，在长江经济带的东端形成了城镇化水平显著的"高高"类型集聚区，在西端形成了显著的"低低"类型集聚区。那么，为何会形成这种空间格局？长江经济带各个区域内部的格局又是怎么样的呢？下面将分别从长江经济带的城市规模和城市体系、城市经济集聚和城市分工以及城市空间扩张三个方面展开进一步研究。

4.3　长江经济带城镇化的城市体系规模格局

　　除城镇化的水平格局外，另一个与城镇化格局相关的重要格局是城镇化的人口格局，即人口在不同城市中的分布情况，以及不同城市的人口规模组合（江曼琦，2004）。理论上讲，市场机制的作用会使城市的层级体系达到一定的稳态和帕累托最优化，这种稳态的分布符合一种近似幂律，也就是著名的齐普夫（Zipf）定律（梁琦、陈强远、王如玉，2013），也被称为"位序—规模"法则。城市的位序—规模法则是城市地理学、城市规划学和新经济地理学等相关学科研究的重要内容（程开明、庄燕杰，2012），自提出以来相关的研究文献数量很多，比较有代表性的包括克里斯塔勒（W. Christaller，1933）、齐普夫（G. K. Zipf，1942）、弗林德曼（J. Frindmann，1986）、奥和亨德森（Au & Henderson，2006）和迪朗东（Duranton，2007）等人的研究，中国的相关研究则以许学强、宁越敏、周一星等人的研究为代表。

　　近年来，长江经济带城市的经济发展发生了较大的变化，并进一步影响到了人口在空间上的分布，相应的城市的等级格局也发生了较大的变化。如果用城市的常住人口和户籍人口之差来衡量一个城市的流动人口的话，可以根据2010年第六次和2000年第五次全国人口普查的数据来绘制两个年份长江经济带流动人口的空间分布情况图（如图4-3所示）。尽管比较粗糙，但是从中也可以明显反映出十年来长江经济带人口的空间流动的趋势。在2003年时，长江经济带人口流动还不是十分明显，其中，安徽为人口主要输出的省份，人口主要流入的区域包含东部的上海和西部的云南和四川的少数民族自治的地级区域。到2010年的时候，情况发生了较为明显的变化，流动人口的空间集聚特征更为明显，主要集中在东部的长三角区域，如 2010 年，仅上海一个城市的流入人口就达到了 800 余万，远远超过第二名的 400 余万。与此对应的是，东部的部分区域和中西部的一些省市成为人口输出的重点区域，如 2010 年，重庆市的人口流出约为 400 余万，成为该年流出人口最多的城市。从 2000 年和 2010 年流动人口的空间分布格局总体来看，呈现出了"两头翘、中间塌"的格局，同时，人口集聚最多的区域依然是长三角城市群。

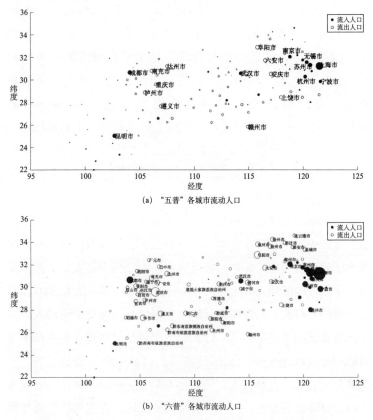

(a) "五普"各城市流动人口

(b) "六普"各城市流动人口

图 4-3　2000 年和 2010 年长江经济带流动人口的空间分布

尽管图4-3较为清晰地显示了流动人口的空间分布情况，但是也存在一定的局限性：它没有办法反映长江经济带城市体系的层级格局和每个城市群内部的城市体系层次。而体系的层级格局是城镇化空间格局的重要组成部分，应予以详细探讨。

4.3.1 长江经济带城市规模体系变化趋势

对于中国城镇化的城市体系格局，在学界历来存在着争论："大城市"派和"小城镇"派各执一词。国家的政策方针则为"大中小城市和小城镇协调发展"。然而，长江经济带的城市规模格局却出现了明显的两极化趋势。一方面，大城市的人口和数量在不断地增加；另一方面，中西部地区的一些小城市开始走向数量萎缩。其结果，城市人口规模结构呈两极化倾向，城镇空间结构走向失调（魏后凯，2014）。

在此采用住房和城乡建设部公布的城区人口来反映城市常住人口的规模结构（见表4-6）。表4-6按照2014年国务院印发的《关于调整城市规模划分标准的通知》，按7个等级对长江经济带主要城市进行了层级划分。

从划分的结果来看，长江经济带及其各个城市群表现出不同的城市体系结构特征。从长江经济带城市体系整体结构来看，在城市数量上，超大城市和特大城市的分布基本合理，但是Ⅱ型大城市、中等城市和Ⅱ型小城市的分布较少；从城市人口规模层级的分布来看，超大城市人口占比较大，Ⅱ型大城市、中等城市和Ⅱ型小城市人口分布相对较少。[①]

---

① 如果把镇也作为考查对象列入计算的话，Ⅱ型小城市的统计数据会发生变化，但是这不影响对中等城市和大城市的判断。

表4-6　长江经济带不同等级规模城市数量和人口比重变化

区域	人口规模（人）	2003年			2013年			2003~2013年变化			
		城市数量（个）	数量比重（%）	人口比重（%）	城市数量（个）	数量比重（%）	人口比重（%）	城市数量（个）	数量比重（%）	人口比重（%）	人口增长（万人）
长江经济带	1000万以上	1	0.41	9.78	1	0.40	15.81	0	0.00	6.03	1136.92
	500万~1000万	1	0.41	6.25	2	0.81	9.51	1	0.40	3.26	635.55
	300万~500万	3	1.22	9.53	3	1.21	8.28	0	-0.01	-1.26	18.54
	100万~300万	19	7.76	23.35	19	7.69	19.72	0	-0.06	-3.63	-38.62
	50万~100万	41	16.73	21.13	37	14.98	16.86	-4	-1.75	-4.28	-186.26
	20万~50万	88	35.92	20.37	116	46.96	23.45	28	11.05	3.08	920.46
	20万以下	92	37.55	9.58	69	27.94	6.38	-23	-9.62	-3.20	-277.70
长三角城市群	1000万以上	1	1.04	20.92	1	1.05	31.13	0	0.01	10.21	1136.92
	500万~1000万	0	0.00	0.00	1	1.05	7.31	1	1.05	7.31	567.11
	300万~500万	1	1.04	8.01	0	0.00	0.00	-1	-1.04	-8.01	-489.76
	100万~300万	11	11.46	28.78	13	13.68	26.43	2	2.23	-2.35	292.38
	50万~100万	16	16.67	18.12	13	13.68	12.58	-3	-2.98	-5.54	-131.41
	20万~50万	39	40.63	17.86	46	48.42	18.37	7	7.80	0.51	334.13
	20万以下	28	29.17	6.31	21	22.11	4.18	-7	-7.06	-2.12	-60.57

续表

区域	人口规模（人）	2003 年			2013 年			2003～2013 年变化			
		城市数量（个）	数量比重（%）	人口比重（%）	城市数量（个）	数量比重（%）	人口比重（%）	城市数量（个）	数量比重（%）	人口比重（%）	人口增长（万人）
长江中游城市群	1000 万以上	0	0.00	0.00	0	0.00	0.00	0	0.00	0.00	0.00
	500 万～1000 万	0	0.00	0.00	0	0.00	0.00	0	0.00	0.00	0.00
	300 万～500 万	1	1.16	10.11	2	2.30	21.38	1	1.14	11.27	424.79
	100 万～300 万	6	6.98	22.85	3	3.45	11.35	-3	-3.53	-11.50	-444.61
	50 万～100 万	17	19.77	30.88	13	14.94	22.39	-4	-4.82	-8.49	-332.74
	20 万～50 万	27	31.40	23.75	41	47.13	34.62	14	15.73	10.87	405.16
	20 万以下	35	40.70	12.41	28	32.18	10.25	-7	-8.51	-2.15	-85.92
成渝城市群	1000 万以上	0	0.00	0.00	0	0.00	0.00	0	0.00	0.00	0.00
	500 万～1000 万	1	3.03	38.54	1	3.03	34.20	0	0.00	-4.35	68.44
	300 万～500 万	1	3.03	17.39	1	3.03	17.46	0	0.00	0.07	83.51
	100 万～300 万	0	0.00	0.00	1	3.03	4.09	1	3.03	4.09	105.85
	50 万～100 万	6	18.18	16.82	9	27.27	23.91	3	9.09	7.09	262.37
	20 万～50 万	14	42.42	20.00	14	42.42	16.94	0	0.00	-3.06	14.78
	20 万以下	11	33.33	7.25	7	21.21	3.40	-4	-12.12	-3.85	-65.49

续表

区域	人口规模（人）	2003年			2013年			2003~2013年变化			
		城市数量（个）	数量比重（%）	人口比重（%）	城市数量（个）	数量比重（%）	人口比重（%）	城市数量（个）	数量比重（%）	人口比重（%）	人口增长（万人）
黔中城市群	1000万以上	0	0.00	0.00	0	0.00	0.00	0	0.00	0.00	0.00
	500万~1000万	0	0.00	0.00	0	0.00	0.00	0	0.00	0.00	0.00
	300万~500万	0	0.00	0.00	0	0.00	0.00	0	0.00	0.00	0.00
	100万~300万	1	7.69	40.42	1	7.69	36.93	0	0.00	-3.49	-0.50
	50万~100万	1	7.69	12.75	1	7.69	14.34	0	0.00	1.59	14.08
	20万~50万	5	38.46	30.92	7	53.85	39.94	2	15.38	9.02	61.47
	20万以下	6	46.15	15.92	4	30.77	8.80	-2	-15.38	-7.12	-30.63
滇中城市群	1000万以上	0	0.00	0.00	0	0.00	0.00	0	0.00	0.00	0.00
	500万~1000万	0	0.00	0.00	0	0.00	0.00	0	0.00	0.00	0.00
	300万~500万	0	0.00	0.00	0	0.00	0.00	0	0.00	0.00	0.00
	100万~300万	1	5.88	42.54	1	5.26	38.28	0	-0.62	-4.26	8.26
	50万~100万	1	5.88	10.10	1	5.26	9.00	0	-0.62	-1.10	1.44
	20万~50万	3	17.65	16.55	8	42.11	31.85	5	24.46	15.30	104.92
	20万以下	12	70.59	30.80	9	47.37	20.87	-3	-23.22	-9.94	-35.09

整体来看，长江经济带城市体系的结构主要表现为中等城市和小城市较少，城市金字塔的"腰部"和"底部"过窄，从而形成了"葫芦"状的结构。在人口的层级流动上，则表现为超大城市的过度膨胀和中等城市及Ⅱ型小城市的快速萎缩，形成一种"两极化"的变化趋势。

从各个城市群的城市体系结构来看，又表现出了不同的特点：长三角城市群在城市数量的分布上呈现"葫芦"形，在城市人口分布上呈现"倒三角"形，表现为人口过于向超大城市集中，大城市和小城市数量不多的特点；长江中游城市群在2013年尚未出现特大城市和超大城市，在城市数量上的分布呈现"菱形"结构，在城市人口分布上呈现"葫芦"形状。

同时，2000~2013年，长江中游城市群的Ⅱ型大城市和中等城市的数量和人口均有大幅的下降，两极化趋势非常显著；成渝城市群的大中型城市数量分布基本合理，但是小城市数量不足；黔中城市圈虽然没有超大城市、特大城市和Ⅰ型大城市，但是在城市数量和人口规模上的分布同样不够均衡，并且出现了小城镇人口大幅减少的情况；滇中城市圈城市规模层级分布同黔中城市圈相似，但是在人口分布的变化趋势上则呈现出大、中、小型城市人口均减少的情况。

综合各个城市群和长江经济带整体的结果，长江经济带城市体系结构并不均衡，主要受到了大中型城市和小城市规模不足的影响，从人口分布的变化趋势上来看，则有大城市加速膨胀、小城市加速衰落的迹象。

之所以存在这种城市体系的结构特征，同我国城市偏向型的人口政策和户籍制度的影响是分不开的。一方面，长久以来城市偏向型的政策，特别是大城市偏向型的政策造成了大城市在基础设施和公共服务上比农村和小城市更具有优势，同时，由于大城市市场规模效应的存在，构成了对农村和中小城市人口的巨大吸引力，造成人口向超大和特大城市的集中。

但是，户籍制度又限制了人口向这些城市的自由流动，相比于超大城市和特大城市，一些中小型城市在户籍政策上更为宽松，改变了流动人口的选择偏好。

4.3.2　长江经济带城市规模体系实证检验

理想的城市体系规模结构应是一种近似"空间均衡"的状态（刘学华、张学良、李鲁，2015），制度不应对人口的流动产生很大的影响，换句话说，人口选择在大城市或小城市，应是在权衡了收益和成本之后"用脚投票"的结果，对应这个理想状态的分布就应该是标准的帕累托分布。然而，不少学者（Song et al.，2009；Xu et al.，2009）对我国城市体系规模的检验却发现，中国的城市层级是一种更趋于扁平化的结构（Song S. & Zhang H.，2002；Xu Z. & Liu N.，2009）。

上面我们对长江经济带的统计同样发现了相似的特征，下面采用齐普夫公式进一步验证。对城市人口规模分布的刻画有首位法则和位序—规模法则两种方式。位序规模可以用齐普夫公式来表达：

$$\ln P_i = \ln P_1 - q \ln R_i \qquad (4-9)$$

接着，依据齐普夫公式，以2013年长江经济带各城市的城区人口为基准，绘制了长江经济带及各城市群的位序—规模散点图并进行了回归拟合，所得结果如图4-4所示。

由图4-4可以看出，长江经济带整体城市的位序—规模系数为0.98，较为接近于1，尽管比郭通秀（Kwok Tong Soo，

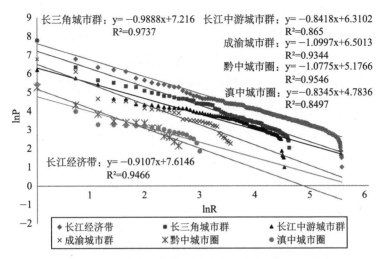

图 4 - 4　2013 年长江经济带城市人口位序—规模散点图

2005）估计的 73 个国家的均值 1.105 要小，同理想的均衡分布的系数还是较为接近的。但是，长江经济带各个城市群的表现却显示出了巨大的差异性。长江经济带、长江中游城市群和滇中城市圈的系数分别为 0.9107、0.8418 和 0.8345，明显小于理想值，表明城市基本属于分散分布。这同三个城市群缺少大型城市和中型城市是直接相关的。以上三个城市群都存在大城市不强、小城市过少的情况，从而使得城市体系的规模分布呈现扁平化的态势。成渝城市群和黔中城市圈的系数分别为 1.0997 和 1.0775，从系数上来看，城市体系的规模结构反而较为合理。

这种拟合更多是一种概括性的描述和理想状态下的估计，可以用来大体描述城市体系的层级状况，却并不能解释城市体系结构变化的原因。实际上，我国的城市体系，除了受到户籍制度的影响外，还受到行政政策的影响。例如，2010 年，巢湖市划归为合肥市的一部分，在城市数量统计上就会减少一个，同时，合肥市的人口规模就会增加。当城市数量很多的时候，这种影响可以忽略不计，但是当描述成渝城市群、黔中和滇中城市圈这种城市数量较少的城市群的时候，这种影响就必须考虑。行政命令对城市规模体系结构的影响，取决于行政命令对于区域结构匹配的合理性，需要我们警惕的是那些不顾市场规律而一味求大、把小城镇机械聚合的城市政策，这必将导致城市体系结构中小城镇规模的不足，使得"城市金字塔"缺少底部支撑。

4.3.3　长江经济带城市规模体系的核密度模拟

齐普夫公式可以描述一个城市体系是否符合标准的"均衡"分布，但是却无法细致刻画城市实际的规模结构特征。因此，可以采用 kenel 核密度来拟合长江经济带以及各城市群的城市规模分布情况，得到的结果如图 4-5 所示。

从图 4-5 中可以更明显地看出，长江经济带城市体系的"葫芦"形规模格局结构以及从 2000 年到 2013 年的变化。如图所示，不论是长江经济带还是其内部各个城市群，城市体系规模结构的一个显著特点就是底部的过窄，即小城市人口和数量的过少，同时，部分城市群显示出"头部"突出的现象，表明大部分人口向区域性中心城市集聚的倾向。长江经济带及其内部各个城市群的核密度拟合曲线可以划分为三种类型：拖尾型，包括长江经济带及长三角城市群；翘尾型，长江中游城市群；葫芦型，包括成渝城市群、黔中城市圈以及滇中城市圈。从 2000 年和 2013 年的变化来看，长江经济带的峰值变小，同时曲线向右延伸了，表明中小城市的人口数量有了大幅的减少，

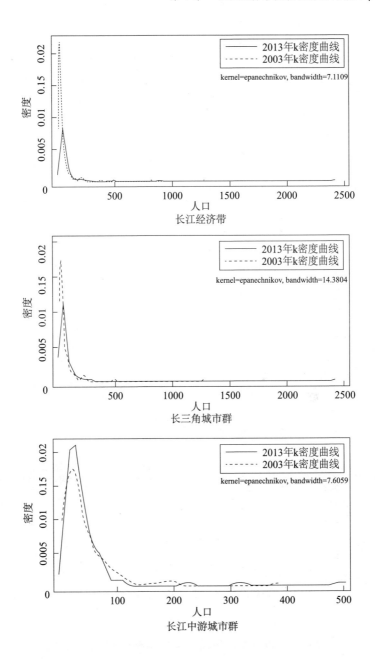

长江经济带

长三角城市群

长江中游城市群

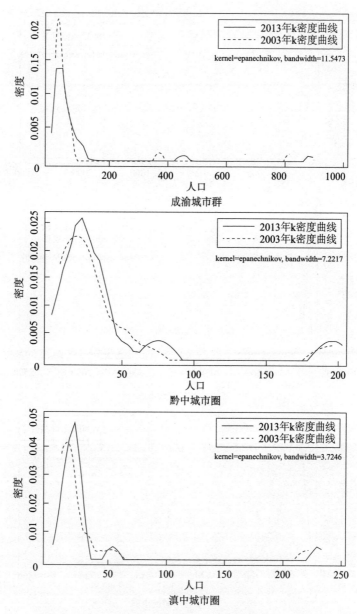

图 4 - 5   2013 年长江经济带城市规模分布核密度函数

同时，超大和特大城市的人口有了大幅的增加。长三角城市群的核密度曲线分布同长江经济带类似，不同的是在 2013 年，该曲线的尾部有略微上翘的迹象，这同人口不断向上海这座超级城市集聚有关。长江中游城市群的曲线比长江经济带整体更宽，表明中小城市数量比例更多。其 2013 年的曲线相比于 2003 年峰值更大、宽度更宽，同时向右延伸，表明长江中游城市群大中小型城市有较为普遍的发展。成渝城市群的核密度函数曲线整体和长江经济带相似，但是在中部有小块突起，表明实际上特大城市和大城市集聚了较多的人口。同时，该曲线 2013 年比 2003 年的峰值同样有所降低，表明中小型城市人口的减少。黔中城市圈和滇中城市圈的核密度曲线分布显示出了典型的"葫芦"形特征，大城市和中等城市对人口集聚过强，小城市发展不足，并且从 2013 年和 2003 年的比较来看，这种结构有加强的趋势。

综上，通过多种方法来探索长江经济带及各城市群的城市体系规模结构特征，得出一个共同结论：长江经济带的城市体系规模呈现"葫芦"形的状态，中小城市和大城市发展严重不足；从发展态势来看，人口向超大或特大城市集聚、中小城市逐渐减少的"两极化"趋势非常明显。这种城市体系结构不利于城镇体系的均衡发展，这也是市场力量和行政力量等综合作用的结果。尽管我们从户籍制度和城市偏向性政策上寻找了城市体系中大城市发展不足的原因，但是城市的经济空间结构和城市职能分工同样有着重要的影响。

4.4　长江经济带城镇化的城市经济分工格局

促进人口由乡村流向城市的主要原因是经济原因，中国的城镇化在某种程度上来讲是由经济的集聚而引起的，这也是在分析人口规模结构时引致人口集中流入超大城市和特大城市的主要因素。对经济集聚的进一步观察可以发现，不同城市的经济和就业结构并不相同，从而城市的经济格局也存在着差异，这种差异化也是城市间相互作用的基础，并且进一步影响到了城镇化水平的空间格局。在就业多样化的大城市会聚集更多的人口，这要求我们在考察城镇化的空间格局时必须对区域的经济和分工格局加以分析。

经济学对经济集聚和分工的思考可以追溯到亚当·斯密对分工的思考，李嘉图的比较优势理论强化了对劳动分工的解释，赫克歇尔和俄林的贸易理论进一步深化了贸易对分工的影响，克鲁格曼则从规模报酬递增和经济集聚的视角解释了经济集聚与分工的关系，解析了经济中的"核心—外围"结构。长江经济带的经济格局同样符合"核心—外围"的结构特征。长江三角洲构成了整个经济带的"核心"区域，中西部地区则成为外围区域。国家"长江经济带"战略希望通过壮大长江经济带的城市群来支撑起经济沿江发展的方针。由此，我们需要以城市群为着眼点，分析长江经济带城市群的经济集聚特征和城市分工结构。

4.4.1 长江经济带经济集聚体及其影响范围

以人均 GDP 为统计指标，采用 ArcGIS 软件的空间探索性分析功能，制作了 2003 年和 2013 年长江经济带经济集聚及影响范围的 Voronoi 图（如图 4-6 所示）。图中的分类是按照自然断裂法划分的。通过 Voronoi 图可以看出，长江经济带集聚明显分成了四个集聚体：长江三角洲城市群、长江中游城市

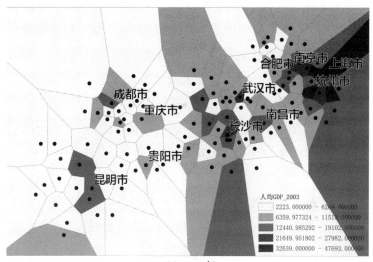

（a）2003 年

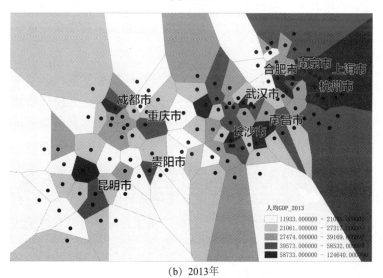

（b）2013 年

图 4 - 6　2003 年和 2013 年长江经济带经济

集聚及其影响范围 Voronoi 图

群、成渝城市群和黔中与滇中城市群。其中，长三角城市群包括了上海、江苏、浙江以及安徽的部分区域，属于经济集聚水平和发育程度最高的地区；长江中游城市群包含了湖北、湖南和江西的部分地区，属于经济集聚和发育程度次发达的地区；成渝城市群主要以成都和重庆的部分地区为主，同样属于经济集聚和发育程度次发达的地区；黔中与滇中城市群主要包括了云南和贵州的部分区域，城市群尚处于发育之中。从 2003 ~ 2013 年的演化过程来看，长三角城市群集聚程度进一步提高，并有向北和向西扩散的迹象；长江中游城市群集聚程度变化不大，但是集聚范围有向东扩散的迹象，将逐步同长三角城市群连接成片。成渝城市群的集聚范围则有向东和向南扩散的趋势，黔中和滇中城市群集聚的中心有北移的趋势，并逐渐同成渝城市群连接成片，但是，以上两个城市群的经济集聚程度变化不明显。

值得注意的是，采用 Voronoi 图对长江经济带集聚的划分结果同"长江经济带"战略中把长江经济带划分为长三角城市群、长江中游城市群、成渝城市群、黔中城市圈和滇中城市圈五大城市群的做法并非完全一致。相比于《关于依托黄金水道推动长江经济带发展的指导意见》（以下简称《意见》）等国家政策，Voronoi 图更侧重从图论的角度对以往历史的判断和对区域发展趋势的分析，同时，由于在分形时没有考虑地形地貌的影响，因而得出的结果也具有一定的局限性；而国家的方针主要是面向未来，着重对城市群发展的长远规划。这里需要提出的是，《意见》中把昆明定位为面向东南亚、南亚开放的中心城市，这意味着未来滇中城市群的集聚范围应向南扩散而非向北扩散。

4.4.2　长江经济带城市的专业化与空间分工

对经济集聚的空间格局有所了解后，下面从城市专业化的角度分析长江经济带城市分工的空间格局。在此借鉴李金滟（2008）的方法（李金滟、宋德勇，2008），采用改进的区位商的做法计算城市相对专业化指数，计算的方法是在得到传统的区位商之后，不再同 1 进行比较，而是选取其中的最大值，其对应的产业则是该城市的专长产业，所得结果如图 4 - 7 所示。

由图 4 - 7 可以看出，在以城市群为单位对长江经济带城市的分工进行划分时，不同的城市群的职能和城市群内部各城市的分工格局有所差异。表 4 - 7 和表 4 - 8 汇总了 2003 年和 2013 年长江经济带不同城市群的产业专业化和分工情况。从长江经济带所有城市分工的分布情况来看，以农林牧渔业为主的城市数量最多，约占全部城市的 12.73%，其次为公共管理和社会组织行业，约占全部城市的 10.91%，再次是教育业，约占 10%，接下来是制造、采掘、文化、体育和娱乐业以及建筑业，分别占全部城市数量的 8.18%、8.18%、7.27% 和 6.36%。2013 年，分工趋势发生变化，从事采掘业的城市数量最多，约占全部城市的 13.64%，接下来分别是公共管理和社会组织、制造、教育、农林牧渔、建筑和水利、环境和公共设施管理，占比分别为 11.82%、10.91%、10.00%、9.09%、7.27% 和 7.27%。单从城市专业化生产的个数占比上看，产业结构基本由一二三转变为二一三，正处于由农业社会向工业社会转型的过程之中，但是这种转变，是以更多的城市从事资源开发为基础的。

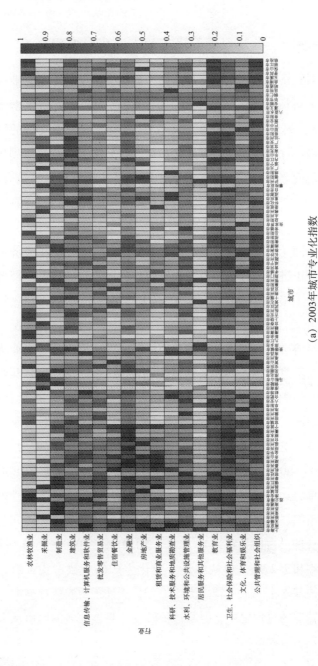

（a）2003年城市专业化指数

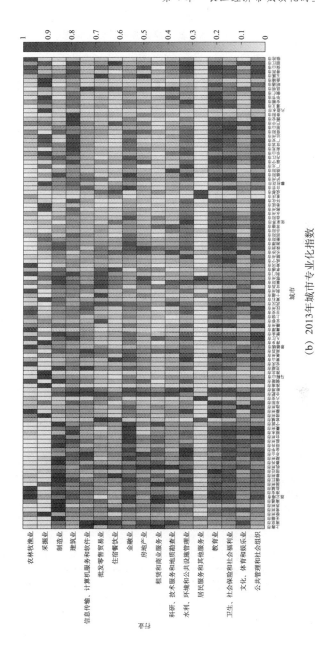

（b）2013年城市专业化指数

图4-7　2003年和2013年长江经济带主要城市专业化分工情况

表 4 – 7　　2003 年长江经济带各城市群专业化及分工情况

产业	长三角		长江中游		成渝		黔中		滇中		总计	
	城市数量（个）	占比（%）	城市数量（个）	占比（%）	城市数量（个）	占比（%）	城市数量（个）	占比（%）	城市数量（个）	占比（%）	城市数量（个）	占比（%）
采	4	9.76	2	5.56	2	10.53	1	16.67			9	8.18
房	2	4.88			1	5.26			1	12.5	4	3.64
公	2	4.88	7	19.44	1	5.26	1	16.67	1	12.5	12	10.91
建			3	8.33	4	21.05					7	6.36
教	4	9.76			6	31.58			1	12.5	11	10.00
金	5	12.20									5	4.55
居			3	8.33			1	16.67			4	3.64
科	1	2.44	1	2.78	3	15.79			1	12.5	6	5.45
农	2	4.88	8	22.22			2	33.33	2	25.0	14	12.73
批									1	12.5	1	0.91
水	2	4.88	2	5.56							4	3.64
卫	3	7.32	1	2.78	1	5.26					5	4.55
文	2	4.88	4	11.11	1	5.26			1	12.5	8	7.27
信	2	4.88									2	1.82
制	7	17.07	2	5.56							9	8.18
住	2	4.88	2	5.56							4	3.64
租	3	7.32	1	2.78			1	16.67			5	4.55

注：采、房、公、建、教、金、居、科、农、批、水、卫、文、信、制、住、租分别表示：采矿业、房地产业、公共管理、社会保障和社会组织、建筑业、教育业、金融业、居民服务、修理和其他服务业、科学研究和技术服务业、农林牧渔业、批发和零售业、水利、环境和公共设施管理业、卫生和社会工作、文化、体育和娱乐业、信息传输、软件和信息技术服务业、制造业、住宿和餐饮业、租赁和商务服务业。

表 4 - 8 2013 年长江经济带各城市群专业化及分工情况

产业	长三角		长江中游		成渝		黔中		滇中		总计	
	城市数量（个）	占比（%）	城市数量（个）	占比（%）	城市数量（个）	占比（%）	城市数量（个）	占比（%）	城市数量（个）	占比（%）	城市数量（个）	占比（%）
采	5	12.20	4	11.11	2	10.53	2	33.33	2	25	15	13.64
房		0.00	1	2.78							1	0.91
公	1		9	25.00	1	5.26	1	16.67	1	12.5	13	11.82
建	1	2.44	1	2.78	5	26.32	1	16.67			8	7.27
教	3	7.32	2	5.56	3	15.79	2	33.33	1	12.5	11	10.00
金	3	7.32	1	2.78	1	5.26					5	4.55
居	1	2.44	1	2.78	2	10.53					4	3.64
科	1	2.44	1	2.78	1	5.26					3	2.73
农	4	9.76	5	13.89					1	12.5	10	9.09
批	2	4.88	3	8.33					1	12.5	6	5.45
水	5	12.20	2	5.56	1	5.26					8	7.27
卫			1	2.78	3	15.79					4	3.64
文	1	2.44	1	2.78							2	1.82
信	1	2.44	1	2.78					1	12.5	3	2.73
制	10	24.39	2	5.56							12	10.91
住	1	2.44	1	2.78					1	12.5	3	2.73
租	2	4.88									2	1.82

注：采、房、公、建、教、金、居、科、农、批、水、卫、文、信、制、住、租分别表示：采矿业、房地产业、公共管理、社会保障和社会组织、建筑业、教育业、金融业、居民服务、修理和其他服务业、科学研究和技术服务业、农林牧渔业、批发和零售业、水利、环境和公共设施管理业、卫生和社会工作、文化、体育和娱乐业、信息传输、软件和信息技术服务业、制造业、住宿和餐饮业、租赁和商务服务业。

从各个城市群的城市分工结构看来，东、中、西部的城市群的分工情况及变化并不一致。2003 年，长三角城市群城市专业化最多的是制造业，占该城市群所有城市的 17.07%，其次为金融、采掘、教育、租赁和商业服务以及卫生、社会保险和社会福利业，占比分别为 12.20%、9.76%、9.76%、7.32% 和 7.32%，属于长江经济带乃至全国的制造中心和金融中心。从城市群内部分工来看，上海相对从事租赁和商业服务业的人数最多，总部经济优势明显。南通、苏州、常州、无锡以制造业为主，湖州、嘉兴、宁波、绍兴、台州则以金融业为主。到 2013 年，城市专业化分工则演变为：上海为租赁和商业服务业中心，周边的南通、镇江、常州、无锡、苏州、湖州、嘉兴、绍兴、宁波以制造业为主，形成了以上海为总部经济服务为主，周边以制造、批发零售贸易、水利、环境和公共设施管理业为特征的城市分工格局。从整个城市群的定位来看，长三角城市群应属于区域的金融、服务、制造中心。

占长江中游城市群城市专业化比重最大的是农林牧渔业，约有 22.22% 城市的相对从业人员以该行业为主，其次是公共管理和社会组织以及文化、体育和娱乐业，分别占该城市群城市数量的 19.44%、11.11%，其次是建筑业、居民服务和其他服务业，占全部城市数的 8.33% 和 8.33%。到 2013 年，相对从事公共管理和社会组织行业的人员占据了长江中游城市群的多数，占比为 25.00%；其次，占比较大的行业是农林牧渔业，约占所有城市的 13.89%；再次是采掘业，约占 11.11%。另外，批发零售贸易业发展势头较猛，到 2013 年，约占城市数量的 8.33%。从城市群内部各城市分工的空间布局来看，并没有呈现出特别明显的规律，说明一个明晰高效的分工格局在长江中游城市群并没有形成。

黔中城市圈 2003 年以农林牧渔业为主，占全部城市的 33.3%，2013 年则转化为以采掘业和教育业为主，城市群分工的资源型转向趋势明显；滇中城市圈主要以农业为主，8 个地级市中有两个是农业专业化城市，到 2013 年转变为以采掘业为主。以上两个城市圈的城市专业化分工在空间上没有显示出明显的特征。

通过以上对长江经济带及其内部各个城市群的城市专业化分工的分析可知，长江经济带各城市群区域分工具有明显的差异性。较为发达的长三角城市群明显成为了整个区域的制造业中心，成渝城市群尽管也形成了一定的专业化分工趋势，但是发展态势较不明朗，而其余城市群专业化分工却并不明显。

2003 年，成渝城市群以教育业和建筑业为主，分别占城市群内全部城市数量的 31.58% 和 21.05%。到 2013 年，建筑业的占比有所上升，为 26.32%，紧随其后的是教育业和卫生、社会保险和社会福利业，分别占比 15.79%、15.79%。成渝城市群空间分工也具有一定的规律性：2003 年，重庆市和成都市以科研、技术服务和地质勘查业从业人员为主，周边的巴中市、南充市、广安市、资阳市、内江市、泸州市则以教育业为主；2013 年，重庆市和成都市以居民服务和其他服务业为主，周边的巴中、南充、广安、宜宾市以建筑业为主，遂宁、广安、泸州市以教育业为主。

4.4.3　长江经济带城市的多样化

与城市的专业化相对应的是城市的多样化发展。许多中等规模的城市显示出来某个或者某几个产业的专业化，但是随着城市规模的增加，城市会逐渐走向多样化。世界上像东京、纽约这类大城市无不如此。一般认为，多样化的城市更能促进产业集聚，同时，能够促进知识溢出和经济稳定（李金滟、宋德勇，2008；魏玮、周晓博、牛林祥，2015）。城市多样化来源于城市的资金外部性、雅各布斯技术外部性和劳动市场外部性等外部性引致的城市集聚。那么，长江经济带各个城市的多样性又是怎样的呢？借鉴李金滟（2008）的做法（李金滟、宋德勇，2008），可以采用相对专业化指数衡量长江经济带2003 年和 2013 年各城市的多样化水平。计算方法为：

$$RDI_i = 1/\sum |s_{ij} - s_j| \qquad (4-10)$$

计算所得结果见表 4 - 9。

表 4 - 9 　　　　2003 年和 2013 年长江经济带
各城市相对多样化指数

城市	2003 年	2013 年	城市	2003 年	2013 年	城市	2003 年	2013 年
上海市	1.9299	2.4564	芜湖市	1.3115	1.5644	郴州市	1.2158	1.3887
南京市	1.6326	2.0758	安庆市	1.1887	1.3372	娄底市	1.2385	1.3886
无锡市	1.3832	1.9054	黄山市	1.2306	1.3957	怀化市	1.2066	1.3610
徐州市	1.3202	1.5199	亳州市	1.1602	1.3188	重庆市	1.2343	1.8855
常州市	1.3500	1.6434	南昌市	1.3997	1.7078	成都市	1.3607	1.9165
苏州市	1.4952	2.3451	景德镇市	1.3635	1.5565	自贡市	1.2357	1.3634
南通市	1.2576	1.5306	萍乡市	1.2842	1.4967	攀枝花市	1.7034	1.7488
连云港市	1.2825	1.4610	九江市	1.2466	1.4204	泸州市	1.1835	1.3760
淮安市	1.2692	1.5262	新余市	1.1068	1.6047	德阳市	1.2136	1.4522
盐城市	1.2899	1.4664	鹰潭市	1.2813	1.4944	绵阳市	1.2345	1.4581
扬州市	1.3174	1.6127	赣州市	1.1927	1.3856	广元市	1.2202	1.3785
镇江市	1.4098	1.6577	宜春市	1.2281	1.4950	遂宁市	1.1908	1.3778
泰州市	1.2668	1.5700	上饶市	1.2122	1.3632	内江市	1.2057	1.4092
宿迁市	1.1757	1.4285	吉安市	1.2130	1.4147	乐山市	1.2814	1.4841
杭州市	1.3452	1.9281	抚州市	1.2359	1.4212	南充市	1.1576	1.4190
嘉兴市	1.3002	1.7102	武汉市	1.6628	1.8750	宜宾市	1.2064	1.3877
湖州市	1.2236	1.5995	黄石市	1.3731	1.6188	广安市	1.1547	1.3095
舟山市	1.3433	1.6745	十堰市	1.3020	1.7519	达州市	1.1985	1.3491
金华市	1.1939	1.4609	荆州市	1.2911	1.3851	资阳市	1.1657	1.3821
绍兴市	1.2308	1.5757	宜昌市	1.3160	2.0508	眉山市	1.1845	1.3676

续表

城市	2003 年	2013 年	城市	2003 年	2013 年	城市	2003 年	2013 年
温州市	1.2522	1.4655	襄阳市	1.3020	1.6828	巴中市	1.1740	1.3903
台州市	1.1950	1.5462	鄂州市	1.5083	1.7640	雅安市	1.2209	1.3802
丽水市	1.2105	1.4319	荆门市	1.3156	1.6502	贵阳市	1.4549	1.8391
衢州市	1.2258	1.4648	孝感市	1.2674	1.6291	六盘水市	1.2525	1.4098
宁波市	1.2886	1.8466	黄冈市	1.2130	1.3714	遵义市	1.1714	1.4134
宣城市	1.1924	1.6085	咸宁市	1.2810	1.4520	安顺市	1.1939	1.4407
宿州市	1.1770	1.3374	随州市	1.2184	1.3814	毕节市		1.3738
滁州市	1.2107	1.3441	长沙市	1.3093	1.7131	铜仁市		1.4145
池州市	1.1896	1.3517	株洲市	1.2723	1.4959	昆明市	1.4637	1.7589
阜阳市	1.1647	1.2899	湘潭市	1.2606	1.4521	昭通市	1.1657	1.3373
六安市	1.1626	1.5005	衡阳市	1.2325	1.3862	曲靖市	1.1908	1.3991
合肥市	1.2323	1.5703	邵阳市	1.1814	1.3175	玉溪市	1.2275	1.4942
蚌埠市	1.2444	1.3956	岳阳市	1.2662	1.4380	普洱市	1.2265	1.3648
淮南市	1.2419	1.4201	常德市	1.1926	1.3732	保山市	1.1823	1.3662
铜陵市	1.5466	1.8064	张家界市	1.2002	1.3467	丽江市	1.2120	1.4521
马鞍山市	1.4917	1.5023	益阳市	1.2340	1.3729	临沧市	1.1925	1.3620
淮北市	1.1581	1.3651	永州市	1.1928	1.3502			

　　经计算可以发现，2003 年，长江经济带城市多样化指数的平均值为 1.2719，2013 年为 1.5239，提升了约 19.81%。尽管全体城市多样化的均值有了较大的提升，但是城市多样化的结构变化却不大。2003 年，有 37 个城市超过均值，2013年，有 38 个城市超过均值，可见，10 年间城市多样化指数的差距依然巨大。对 2003 年和 2013 年城市的多样化指数的进一步统计发现，其差异主要体现在东、中、西部城市之间。2003年，东部城市多样化指数的均值为 1.30，中部为 1.27，西部

为 1.24；2013 年，东部为 1.62，中部为 1.50，西部为 1.46。同时，各个城市群的多样化指数之间也存在差异，2003 年，长三角城市群的均值为 1.29，长江中游城市群 1.27，成渝城市群为 1.27，黔中城市圈为 1.27，滇中城市圈为 1.23；2013 年，各城市群的该指数分别变为了 1.59、1.51、1.47、1.48 和 1.44。

从各个城市多样化指数的直观表现上看，规模越大，就业人数越多，多样化指数越高，产业就越丰富。2013 年，上海的就业人数为 1137.35，城市多样化指数达到了最高的 2.46；重庆的就业人数为 16683.51，城市多样化指数为 1.8855；苏州市的就业人数为 695.2，城市多样化指数为 2.3451。通过绘制长江经济带城市多样化指数与城市规模之间的散点图（如图 4-8 所示），发现二者之间基本存在正相关的关系。

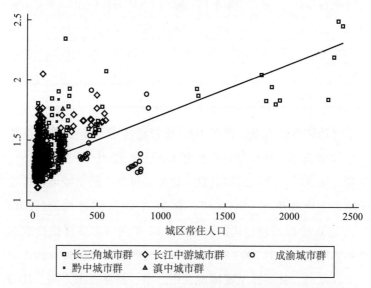

图 4-8 2003~2013 年长江经济带城市多样化指数与城市规模

4.5　小结

空间格局的形成是要素流动与空间摩擦相互作用的结果，可以说，也是空间效应的直接表象。克鲁格曼把影响要素流动的因素分为第一自然和第二自然，第一自然指的是自然地貌、气候、文化因素等，第二自然指的是由于高工资或收入、知识外部性、劳动力池、技能提升、市场潜力等因素引致的集聚力，以及城市的交通拥堵、高房价、环境污染等引致的分散力。另外，会对空间格局产生影响的还包括制度因素，如不同的区域政策差异以及我国的户籍制度等（梁琦、陈强远、王如玉，2013）。长江经济带城镇化差异格局的形成也受到了以上三方面因素的影响。首先，不同城市地理位置上的差异导致了城市的职能和经济分工的不同，同时，与现有港口的经济距离直接制约了地方的开放进程，并进一步影响了地方经济的发展；其次，城市的集聚力和分散力造成了不同城市对人口的吸引，从而影响人口发生流动，并通过因果循环累积进一步强化；最后，户籍制度又限制了人口向城市的自由流动，从而造成在城市体系上大城市数量不足的现状。城镇化的空间效应正通过以下三个途径有所体现：第一，距离相近的城市往往自然条件和地理位置类似，因而城市职能和专业化结构类似，并进一步影响城市群内部和之间的分工；第二，距离制约了经济集聚的影响范围，从而使得相临近的地域单元呈现一定的空间相关性，并在长江经济带上形成了"俱乐部"趋同的现象；第三，制度因素加强了空间摩擦，增加了不同行政单元的市场分割程度，限制了要素的自由流动。

可以发现，长江经济带城镇化的空间格局表现为以城市群为单位，在城镇化水平上呈现出明显的空间趋同和差异的格局，同时，整个长江经济带和各个城市群之间在人口规模和经济分工上也具有差异性。总的来看，位于东部的城市群的城镇化水平、城市体系规模结构、城市分工的空间格局要优于位于中部的城市群，又优于位于西部的城市群，在带状经济体上形成了"三段五圈"的差异性城镇化水平的分布格局。

第5章 长江经济带城镇化空间效应评估及其核心影响因素测度

　　无论从机理上还是从表象上看，长江经济带城镇化的区域差异是一个普遍存在的现象，然而理论分析又证明了，存在区域竞争时，城镇化水平低的地区会逐渐赶上城镇化水平高的地区，即实现城镇化发展水平的"趋同"。既然这种可能性存在的话，那么问题是，应该采取怎样的倾向性的政策，来加快这种趋同的趋势，以实现长江经济带城镇化的区域均衡发展。

　　根据典型的趋同理论，如果绝对趋同存在的话，则可能会形成"俱乐部"趋同，这意味着城镇化水平较低的区域会陷入城镇化的"贫困陷阱"，城镇化水平始终处于较低的水平而无法提升。值得庆幸的是，现实中往往广泛地存在"有条件的趋同"的现象，即在控制了诸如工资水平、经济发展水平等影响城镇化水平的条件后，城镇化发展会呈现一定的趋同趋势，这意味着区域政策是有效的。这就让我们把研究视角转向了分析哪些因素制约了区域城镇化水平的趋同，通过寻找这些因素来对症下药，制定更加准确的区域经济政策。

　　距离在城镇化发展的过程中起到了重要作用，城镇化发展往往受到同距离密切相关的"临近效应"和"溢出效应"等空间效应的影响，因此，在实证检验时空间计量手段的引进是必要的。同时，到底是使用那种"圈地式"的全域推进类型的政策，还是通过因地制宜地改善区域间的"距离"来促进城镇化水平的提升？本章也将试着对以上问题做出讨论。

5.1 长江经济带城镇化水平趋同及其空间效应分析

理论和经验研究发现，区域发展趋同的现象不仅存在于经济增长的领域之中，在与经济发展密切相关的城镇化领域同样存在广泛的趋同现象。而在传统的关于趋同的实证研究中，往往认为不同发展阶段的区域之间是相互独立的。这个假设同所观察到的事实不符：不同区域的城镇化水平的趋同具有空间相互作用，并且通过理论分析可以发现，空间相互作用可以分解为空间临近效应和空间溢出效应两种空间效应。然而，尽管现有文献对城镇化水平的趋同现象有着广泛的研究，但是对于考虑了城镇化空间效应后的趋同现象的研究却并不多见。值得庆幸的是，空间计量经济技术的发展为估计空间效应提供了可靠的工具。在此将在明确影响城镇化水平趋同的影响因素的基础上，进一步使用空间计量经济学模型对长江经济带城镇化水平的趋同现象及其空间效应做出研究。

5.1.1 城镇化水平趋同的影响因素

在分析俱乐部趋同现象时，通常可以按照"物以类聚"的思路来寻找不同趋同俱乐部之间的相同和不同之处，从而找出决定落后地区加快提升城镇化水平的条件。在理论分析中，可以发现，工业化是推动城镇化水平的重要因素，但考虑到发达经济的产业结构特征，农民在向第二产业转移的同时还会向第三产业转移，第三产业发展同样能够推进城镇化，因此在实证分析中，把第二产业和第三产业同时作为推进城镇化发展的因素来考虑。同时，根据现有研究，另外一个推进中国城镇化的重要因素是改革开放。自从党的十一届三中全会提出改革开放的政策以来，中国的城镇化水平得到了快速的提高，市场的活力得以进一步迸发。改革开放实为对内改革和对外开放，表现在经济上可以分别用市场化进程和对外开放进程表示，前者由政府在市场中所起的作用决定，后者则可以表现在地方的全球化进程中。长江经济带东部、中部和西部区域的对外开放程度不同，受政策和区位影响，东部区域对外开放早于中西部区域，在区域经济发展中具有一定的"先发优势"，更完善的市场和更发达的经济吸引了更多的人口向该区域流动，因而会具有更高的城镇化水平。可见，对外开放程度同样会对区域城镇化产生影响，在此，使用外贸依存度来衡量区域对外开放程度。另外，还需要考虑的两个因素是区域的工资水平和户籍歧视程度。经典的二元经济理论和人口迁移的"推拉"理论表明，区域工资差异是推动人口在区域之间迁移的重要因素。在人口可以自由流动的市场中，较高的工资构成吸引人口向本区域流动的最直接的推动力，但是区域的竞争又使得那些城镇化水平较低的区域同样具有较高的工资水平，并推进他们进一步提升城镇化率。而户籍歧视的存在，则对区域城镇化水平的提升构成了制约，户籍歧视越重的区域，这种制约显得越明显。同时，考虑到新经济地理分析里的市场规模效应，位于较大规模市场的消费者会享有更高的福利，在信息完全的市场中，也会对当地的城镇化水平产生影响。综上，建立空间计量模型，来衡量长江经济带城镇化水平的趋同现象，并探明城镇化的空间效应。

5.1.2 研究方法与基本模型

用于检验 β 趋同的经典模型为：$\dfrac{1}{T}\ln\left(\dfrac{y_{i,t+T}}{y_{i,t}}\right)=\alpha+\beta\ln$ $(y_{i,t})+\Psi X_{i,t}+\varepsilon_{i,t}$，其中，$y_{i,t+T}$ 和 $y_{i,t}$ 分别为地区 i 在时间 $t+T$ 和 t 的城镇化水平，α 为常数项，$\beta=-(1-e^{-\theta T})/T$，$\theta$ 表示向稳态收敛的速度，若回归发现 $\beta<0$，则表明在时间段 T 内存在条件 β 趋同，落后地区的新型城镇化协调度优化速度比发达地区更快。长江经济带幅员辽阔，距离对于区域经济发展的影响充分地体现在其带状的经济结构中，因而区域之间往往会有空间临近和空间溢出效应。同时，由于长江经济带横跨我国东、中、西部，不同地区的变量多存在空间异质性，因而需要引入空间变量对收敛模型加以估计，否则，会引起模型估计的偏误。

空间计量模型通过引入空间权重矩阵 W 来修正传统回归中的统计误差，由于本书数据类型为面板数据，因而需要引入空间面板计量模型加以估计。常见的空间面板计量模型包含空间滞后面板模型、空间误差面板模型和空间杜宾面板模型，三个模型的适用取决于面板数据的空间效应类型，如本地区被解释变量取决于其临近区域被解释变量的观测值及观察到的一组局域特征，则使用空间滞后面板模型（SLPDM）；如本地区被解释变量的值取决于观察到的一组局域特征及忽略掉的在空间上相关的一些重要变量（误差项），则使用空间误差面板模型（SEPDM）；如除了邻近地区被解释变量的空间溢出效应外，邻近地区的解释变量对本地区的被解释变量也有影响，则需要使用空间杜宾面板模型（SDPDM）。本书的 SLPDM、SEPDM 和 SDPDM 可以分别表示为：

SLPDM：

$$\frac{1}{T}\ln\left(\frac{y_{i,t+T}}{y_{i,t}}\right) = \rho \sum_{j=1}^{N} w_{ij}\ln(\frac{y_{i,t+T}}{y_{i,t}}) + \beta\ln(y_{i,t}) + \beta_1\ln(GDP) + $$
$$\beta_2\ln(sec\_\ ind) + \beta_3\ln(thd\_\ ind) + $$
$$\beta_4\ln(wage) + \beta_5\ln(open) + \beta_6\ln(diff) + $$
$$u_i + v_t + \varepsilon_{i,t} \qquad (5-1)$$

SEPDM：

$$\frac{1}{T}\ln\left(\frac{y_{i,t+T}}{y_{i,t}}\right) = \rho \sum_{j=1}^{N} w_{ij}\ln\left(\frac{y_{i,t+T}}{y_{i,t}}\right) + \beta\ln(y_{i,t}) + \beta_1\ln(GDP) + $$
$$\beta_2\ln(sec\_\ ind) + \beta_3\ln(thd\_\ ind) + $$
$$\beta_4\ln(wage) + \beta_5\ln(open) + $$
$$\beta_6\ln(diff) + \phi_{it}, $$
$$\phi_{it} = \lambda \sum_{j=1}^{N} w_{ij}\phi_{jt} + \varepsilon_{i,t} \qquad (5-2)$$

其中，ϕ_{it} 表示空间自相关误差项，λ 为空间误差系数。

SDPDM：

$$\frac{1}{T}\ln\left(\frac{y_{i,t+T}}{y_{i,t}}\right) = \rho \sum_{j=1}^{N} w_{ij}\ln\left(\frac{y_{i,t+T}}{y_{i,t}}\right) + \beta\ln(y_{i,t}) + \beta_1\ln(GDP) + $$
$$\beta_2\ln(sec\_\ ind) + \beta_3\ln(thd\_\ ind) + \beta_4\ln(wage) + $$
$$\beta_5\ln(open) + \beta_6\ln(diff) + \eta_1 \sum_{j=1}^{N} w_{ij}\ln(y_{i,t}) + $$
$$\eta_2 \sum_{j=1}^{N} w_{ij}d\ln(GDP) + \eta_3 \sum_{j=1}^{N} w_{ij}d\ln(sec\_\ ind) + $$
$$\eta_4 \sum_{j=1}^{N} w_{ij}\ln(thd\_\ ind) + \eta_5 \sum_{j=1}^{N} w_{ij}\ln(wage) + $$

$$\eta_6 \sum_{j=1}^{N} w_{ij}\ln(open) + \eta_7 \sum_{j=1}^{N} w_{ij}\ln(diff) + u_i + v_t + \varepsilon_{i,t}$$

$$(5-3)$$

式（5-3）中，$\sum_{j=1}^{N} w_{ij}\ln(y_{i,t})$、$\sum_{j=1}^{N} w_{ij}\ln(GDP)$、$\sum_{j=1}^{N} w_{ij}\ln$

(sec_ind)、$\sum_{j=1}^{N} w_{ij}\ln(thd\_ind)$、$\sum_{j=1}^{N} w_{ij}\ln(wage)$、$\sum_{j=1}^{N} w_{ij}\ln$

$(open)$、$\sum_{j=1}^{N} w_{ij}\ln(diff)$ 分别表示邻近区域的解释变量的空间滞

后变量。ρ、β、$\beta_1 \sim \beta_7$、$\eta_1 \sim \eta_7$ 分别表示各变量的系数。

根据艾尔霍斯特（Elhorst J. P.，2014）的研究，在使用
空间面板计量模型时，首先需要确定是否有空间效应存在，其
次确定空间效应的类型（空间误差或者空间滞后），接着确定
是否存在空间固定或者时期固定效应，最后确定面板数据模型
的类型（固定效应模型或者随机效应模型）。对于是否存在空
间滞后效应还是空间误差效应可以采用空间滞后拉格朗日检
验、空间误差拉格朗日检验、稳健性空间滞后拉格朗日检验和
稳健性空间误差拉格朗日检验来确定，SDPDM 与 SLPDM 的选
择采用空间滞后 Wald 和空间滞后极大似然检验，SDPDM 与
SEPDM 的选择采用空间误差 Wald 和空间误差极大似然检验，
采用固定效应还是随机效应模型用 Hausman 检验完成。

5.1.3 长江经济带城镇化水平趋同：全域的视角

采用2003~2012年的数据对式（5-1）至式（5-3）进行
估计，依据艾尔霍斯特（2014）提供的标准程序，本书首先
对不含空间效应的模型加以估计，分别估计了混合效应、个体
固定效应、时期固定效应、个体时期固定效应四种模型，接着

通过 LM 检验和 LR 检验空间效应的形式，最后采用 Hausman
检验选择固定效应还是随机效应。对于所有不含空间效应的模
型采用 OLS 估计，对于含空间面板的模型采用 ML 估计，所有
估计采用 Matlab 2010a 完成。所得结果见表 5－1。

表 5－1　　　　　　　　　标准面板模型估计结果

解释变量	混合效应模型	个体固定效应模型	时期固定效应	个体时期固定效应
截距	−0.0710 (−0.6522)			
初始年份城镇化水平	−0.0562*** (−13.4200)	0.0138 (0.0000)	−0.0572*** (−13.7343)	0.0188 (0.0000)
GDP	0.0605*** (12.6151)	−0.0406** (−2.1624)	0.0589*** (12.3220)	−0.0029 (−0.1364)
第二产业比重	0.0829*** (5.4641)	0.0298 (1.2074)	0.0738*** (4.7555)	0.0254 (1.0201)
第三产业比重	0.0644*** (4.1588)	−0.0418** (−2.0327)	0.0512*** (3.2168)	−0.0362* (−1.7656)
工资水平	−0.0710*** (−7.4722)	0.0552** (2.3183)	−0.0294* (−1.8144)	0.1357*** (3.3473)
开放程度	−0.0067*** (−3.2054)	0.0043 (1.0982)	−0.0094*** (−4.1571)	0.0060 (1.5415)
户籍歧视	−0.0040 (−0.3617)	−0.0668*** (−2.7236)	−0.0059 (−0.5219)	−0.1006*** (−2.8531)
σ^2	0.0067	0.0038	0.0066	0.0037
R^2	0.1667	0.0228	0.1723	0.0210
Logl	1413.7000	1773.8000	1427.2000	1791.3000
空间滞后 LM 检验	0.0526	1.4852	3.2008*	6.6818**
空间滞后稳健 LM 检验	0.0033	0.5226	3.0444*	4.1214**
空间误差 LM 检验	0.3189	1.2304	5.1850**	5.4514**
空间误差稳健 LM 检验	0.2696	0.2678	5.0286**	2.8910*

注：括号中为 t 值，*、**、*** 分别表示在 10%、5% 和 1% 的显著性水
平上通过假设检验。

表5-1显示了不考虑空间效应的模型估计结果,用以选择空间滞后模型或者空间误差模型。在固定了时期效应和个体时期双固定效应后,关于空间滞后和空间误差的LM检验和稳健性LM检验均通过了显著性检验,这说明不仅存在空间相关性,还存在空间异质性,同时,空间效应不能完全被空间滞后或者空间误差项来解释,因此,需要引入空间杜宾模型来进行估计。接着,使用LR检验来选择模型,发现对于空间固定效应的LR值为728.2057(P=0.0000),对于时期固定效应的LR值为35.1111(P=0.0000),表明需要使用个体时期固定效应的杜宾模型进行回归。因此,我们选取个体时期双固定空间杜宾模型来对回归方程进行估计,结果见表5-2。

表5-2   空间杜宾随机模型估计结果

解释变量	系数	T值
初始年份城镇化水平	-0.0600***	-7.3089
GDP	0.0510***	5.8750
第二产业比重	0.0249	1.1617
第三产业比重	-0.0114	-0.5925
工资水平	0.0784***	2.8171
开放程度	0.0012	0.3773
户籍歧视	-0.0375*	-1.6733
W×初始年份城镇化水平	-0.0049	-0.0691
W×GDP	0.1574**	2.1868
W×第二产业比重	0.3121*	1.8497
W×第三产业比重	0.2278	1.2954
W×工资水平	-0.7734***	-3.9671
W×开放程度	-0.0048	-0.1705
W×户籍歧视	0.2909*	1.9307
W×城镇化水平	-0.7194***	-4.1630
ϕ^2	0.3979***	12.1018

解释变量	系数	T 值
σ^2	0.0041	
R^2	0.4823	
Logl	1607.1039	
空间滞后 Wald 检验	32.1077 ***	
空间滞后 LR 检验	30.8609 ***	
空间误差 Wald 检验	29.6504 ***	
空间误差 LR 检验	35.9126 ***	

注：*、**、***分别表示在 10%、5% 和 1% 的显著性水平上通过假设检验。

对于采取固定效应模型还是随机效应模型采用 Hausman 检验来完成，空间杜宾模型能否简化为空间滞后或空间误差模型通过 Wald 和 LR 检验完成。分别对个体时期双固定空间杜宾模型和随机效应空间杜宾模型进行了估计。模型的 Hausman 值为 21.5135（P = 0.1212），表明使用随机效应模型优于固定效应模型，该模型对于空间滞后的 Wald 检验和 LR 检验值分别为 32.1077 和 30.8609，对于空间误差模型的 Wald 检验和 LR 检验值分别为 29.6504 和 35.9126，以上检验值均通过检验，表明空间杜宾模型不能化简为空间滞后模型或者空间误差模型。

通过对于全域的回归发现，长江经济带城镇化存在显著的趋同现象，并且具有显著的空间负溢出效应。这同理论分析所得到结果一致，在存在区域经济的情况下，最终不同区域的城镇化水平具有趋同的趋势，同时，距离作为一种因素会影响不同区域的城镇化水平。当劳动力作为一种可以自由流动的资源而存在的时候，本区域的城镇化水平同他周边的"邻居"存在着竞争，因此，本区域的城镇化进程具有负向的空间外部性，表现为负向的空间溢出作用。所以模型中的城镇化水平的空间滞后项显示为 – 0.7194。

从模型回归的结果来看，对区域城镇化水平还存在显著影响的因素还包括区域 GDP、工资水平、户籍歧视程度以及周边区域的 GDP、第二产业比重、工资水平以及户籍歧视。区域的 GDP 以及周边区域的 GDP 对本区域的城镇化水平具有正向作用。本区域的 GDP 每增加 1%，城镇化水平提升约 0.0510%；周边区域的 GDP 每提升 1%，本区域的城镇化水平提升约 0.1574%。这表明相比于本地经济发展，周边的经济发展对本地城镇化水平的提升作用更为突出。这同现实也是一致的，相比于 GDP 总量较为靠前的武汉，靠近上海的南京具有更高的城镇化率。可以从空间效应的视角对这一现象做出解释：由于城镇化的空间溢出效应和空间临近效应的存在，距离具有更大市场的上海较近的南京享有更低的市场价格和更丰富的产品，同时，由于市场的前向的和后向的联系，以及知识和技术等的溢出作用，加之劳动力迁徙对于距离的敏感性，使得一个区域的经济发展会产生强烈的空间溢出作用。由于空间临近效应和空间溢出效应的存在，一个区域的城镇化水平不仅仅取决于其本身的经济发展水平，更多地还会受到其周围"邻居"的经济发展水平的影响。

工资水平对于区域城镇化影响同样符合我们的预期，本地工资水平每提升 1%，城镇化水平提升约 0.0784%，周边邻居的工资水平每提升 1%，本地城镇化水平下降约 0.7734%。这表明相邻区域在城镇化进程中确实存在竞争，而且周边区域的工资水平对本地的城镇化水平影响更大。劳动力在本区域和周边区域之间可以自由迁徙时，工资水平是农村剩余劳动力向城市转移的最为直接的动力，因此，相邻区域工资水平的提升会吸引本区域人口更多地向周边地区流动，从而导致本区域的城镇化水平的下降。这种空间效应实际上是由于区域之间的空间竞争而导致的，因而可以称之为空间竞争效应。

本地户籍歧视对城镇化水平的影响为负，户籍歧视程度每增加1%，城镇化水平约下降0.0375%，周边区域的户籍歧视程度每增加1%，本地城镇化水平约提升0.2909%。这是由于户籍歧视实际上制约了城市非完全移民的工资水平，发达地区严重的户籍歧视会使其城市非完全移民的工资水平同不发达地区相差不大，使得劳动力在区域间流动的动力变小。而对于本地区域，户籍歧视的存在无疑会使得农村剩余劳动力的供给曲线变得更为陡峭，从而降低本地的城镇化水平。

另外，尽管没有发现本地区第二产业对城镇化水平的影响，但是我们发现，邻居区域的第二产业发展对本地城镇化具有正向的作用。周边区域第二产业比重每增加1%，本地城镇化水平提升约0.3121%。第二产业和第三产业比重是区域工业化水平的直接体现，也是推动城镇化水平提升的直接动力。然而，从长江经济带全域的视角看，并没有发现本地第二、第三产业的发展对城镇化水平提升存在统计学意义上的显著相关性，这可能同不同区域发展差距较大有关系，产业结构的差异也十分明显，因而在平均意义上没有发现其对本地城镇化水平的影响。但是，周边区域对本地城镇化水平的影响却是显著的。其作用机理同GDP对城镇化水平的影响机理相似，工业作为吸收农村剩余劳动力的主要产业之一，同时不同地区间的工业又会由于前向的或者后向的联系，从而会对本地区城镇化水平产生正向的空间溢出作用。

通过对长江经济带城镇化水平趋同的影响因素及其空间效应的研究可以发现，一个区域的城镇化水平不仅会受到本区域各个相关影响因素的影响，同时受到其周边区域相关因素的影响，并且其"邻居"区域对其影响会比本区域的影响更大。这也进一步说明了城镇化的空间效应是政策制定时不可忽视的一部分。在制定本区域关于城镇化水平的区域政策时，还需要考虑其周边区域的发展条件和水平。同时，能够拉近同经济和城镇化水平较高的区域的"距离"的政策能够更有效率地提升本地的城镇化水平。因此，放开户籍管制、提升地区经济发展水平，均会对本地区和相邻地区的城镇化水平的提升起到正向的作用。

5.1.4　长江经济带城镇化水平趋同：分区域的视角

长江经济带幅员辽阔，不同的区域基础条件、外在政策存在较大差异，因而制约其城镇化发展的因素也必然存在不同之处。下面，按照研究常见的东、中、西的分类方法，分别对长江经济带东部区域、中部区域和西部区域的城镇化水平趋同及其空间效应做出研究。研究方法和公式与全域视角下的回归模型相同。

1. 东部区域

表 5-3 显示了东部地区不考虑空间效应的模型估计结果。接着试着使用空间杜宾模型来对模型中的空间相关性加以解释。对空间固定效应和时期固定效应 LR 检验值分别为 53.1813（P = 0.0008）和 17.3402（P = 0.0672），均在 10% 的显著性水平上通过检验，表明使用空间时期双固定的空间杜宾模型。模型的 Hausman 检验值为 32.2501（P = 0.0060），表

明使用固定效应模型优于随机效应模型。所得的空间面板杜宾模型的结果见表 5－4。

表 5－3　　　　　东部区域标准面板模型估计结果

解释变量	混合效应模型	个体固定效应模型	时期固定效应	个体时期固定效应
截距	1.6540 *** (5.3114)			
初始年份城镇化水平	− 0.0476 *** (− 6.4146)	− 0.0157 (0.0000)	− 0.0510 *** (− 6.8239)	− 0.1619 (0.0000)
GDP	0.0584 *** (7.2121)	− 0.1159 ** (− 2.0105)	0.0638 *** (7.6255)	− 0.1369 ** (− 2.0691)
第 二 产 业比重	− 0.2396 *** (− 4.9400)	0.0269 (0.1979)	− 0.2670 *** (− 5.1907)	0.0225 (0.1595)
第 三 产 业比重	0.1079 * (1.7452)	0.1760 (1.4689)	0.0907 (1.4683)	0.1614 (1.3389)
工资水平	− 0.1245 *** (− 6.8112)	0.1064 (1.5056)	− 0.0885 *** (− 3.1401)	0.4146 *** (2.6710)
开放程度	0.0180 *** (3.561287)	0.0099 (0.5928)	0.0111 * (1.6875)	0.0156 (0.8842)
户籍歧视	− 0.0500 ** (− 2.07919)	− 0.1626 ** (− 2.2610)	− 0.0628 ** (− 2.4280)	− 0.3679 ** (− 2.4766)
σ^2	0.0020	0.0016	0.0019	0.0015
R^2	0.3749	0.0411	0.3810	0.0436
Logl	428.4053	451.9779	434.0573	460.6480
空间滞后 LM 检验	0.7278	0.2593	7.2270 ***	9.8046 ***
空间滞后稳健 LM 检验	0.0801	1.3850	0.0057	0.0530
空间误差 LM 检验	1.0542	0.6419	7.8558 ***	10.1008 ***
空间误差稳健 LM 检验	0.4065	1.7677	0.6345	0.3492

　　注：括号中为 t 值，*、**、*** 分别表示在 10%、5% 和 1% 的显著性水平上通过假设检验。

表 5 - 4   东部区域个体时期双固定空间杜宾模型估计结果

解释变量	原模型系数		误差修正系数	
	系数	T 值	系数	T 值
初始年份城镇化水平	- 0.2779	0.0000	- 0.2168	0.0000
GDP	- 0.1573 **	- 2.2583	- 0.1590 **	- 2.0898
第二产业比重	0.0327	0.2443	0.0366	0.2499
第三产业比重	0.1691	1.4409	0.1714	1.3367
工资水平	0.4627 ***	3.0682	0.4627 ***	2.8092
开放程度	0.0105	0.5859	0.0106	0.5402
户籍歧视	- 0.4150 ***	- 2.9699	- 0.4103 ***	- 2.6889
W × 初始年份城镇化水平	- 0.3221	0.0000	- 0.2383	0.0000
W × GDP	- 0.0147	- 0.0374	0.0314	0.0736
W × 第二产业比重	- 0.4276	- 0.4468	- 0.4203	- 0.4020
W × 第三产业比重	- 0.1182	- 0.1633	- 0.1643	- 0.2080
W × 工资水平	0.6362	0.6406	0.4786	0.4420
W × 开放程度	0.0064	0.0486	0.0028	0.0193
W × 户籍歧视	- 1.0885	- 1.1771	- 0.9332	- 0.9257
W × 城镇化水平	- 1.2990 ***	- 4.9967	- 0.9705 ***	- 3.8516
σ^2	0.0012		0.0015	
R^2	0.5922		0.5772	
Logl	472.26586		472.26586	
空间滞后 Wald 检验	3.1733		2.2606	
空间滞后 LR 检验	3.0662		3.0662	
空间误差 Wald 检验	2.1998		1.8270	
空间误差 LR 检验	2.1316		2.1319	

注: *、**、*** 分别表示在 10%、5% 和 1% 的显著性水平上通过假设检验。

空间面板杜宾模型能否简化成为空间误差或空间滞后模型通过 Wald 和 LR 检验完成。对个体时期双固定空间杜宾模型的关于空间滞后 Wald 检验值为 0.7278，LR 检验值为 3.0662，关于空间误差的 Wald 检验值为 2.1998，LR 检验值为 2.1316。对个体时期双固定空间面板杜宾模型修正参数后的模型的关于

空间滞后 Wald 检验值为 2.2606，LR 检验值为 3.0662，关于
空间误差的 Wald 检验值为 1.8270，LR 检验值为 2.1319。以
上 Wald 和 LR 检验值均在 10% 的水平上不显著，表明空间杜
宾面板模型可以简化为混合效应的面板数据模型。综合以上的
检验结果，最终选取混合面板数据模型来对东部地区的城镇化
水平趋同现象加以估计，最后的模型结果见表 5-5。

表 5-5　　　　东部区域混合面板数据模型估计结果

解释变量	系数	解释变量	系数
截距	1.6540*** (5.3114)	第三产业比重	0.1079* (1.7452)
初始年份城镇化水平	-0.0476*** (-6.4146)	工资水平	-0.1245*** (-6.8112)
GDP	0.0584*** (7.2121)	开放程度	0.0180*** (3.561287)
第二产业比重	-0.2396*** (-4.9400)	户籍歧视	-0.0500** (-2.07919)
σ^2	0.0020		
R^2	0.3749		
Logl	428.4053		

注：括号中为 t 值，*、**、*** 分别表示在 10%、5% 和 1% 的显著性水
平上通过假设检验。

通过对东部地区混合面板数据的回归结果发现，东部地区
存在城镇化水平的条件趋同现象，趋同速度略低于长江经济带
区域整体水平。同时，GDP、第二和第三产业比重、工资水
平、开放程度和户籍歧视均对东部区域的城镇化水平提升具有
相关性，但是不同因素的影响效应并不相同（见表 5-5）。区
域 GDP 水平、第三产业比重和开放程度每上升 1%，区域的城
镇化水平分别上升约 0.0584%、0.1079% 和 0.0180%。区域
第二产业比重、工资水平和户籍歧视程度每上升 1%，区域城
镇化水平下降 0.2396%、0.1245% 和 0.0500%。与中西部区

域的城市不同，东部城市的城镇化多处于较高的水平，受所处发展阶段限制，第二产业比重和工资水平不再成为推进城镇化的因素。这是由于东部区域多数地区已处于二元经济的一体化阶段，因而城乡工资水平开始实现在户籍歧视下的一体化，因此，以第二产业比重为代表的工业化和以城市人均可支配收入为代表的城市工资水平对农村剩余劳动力不再具有推动力和吸引力，而城市发展第二产业造成的环境污染效应和拥挤效应反而使得人口开始流出城市，城镇化发展进入逆城市化阶段。与此同时，城市的经济发展带来的市场规模的扩大、城市转型发展带来的产业结构的上升、进一步的开放又会促使城镇化水平提升。但是，可以明显看出，相比长江经济带整体区域，其东部区域的户籍歧视对城镇化的负向作用更大，这与其限制规模的城市发展政策具有一定关系。

2. 中部区域

表 5 - 6 为中部区域的标准面板模型估计结果。对于个体固定效应的空间滞后和空间误差的 LM 统计量均通过了显著性检验。时期固定效应模型的稳健性空间滞后 LM 和空间误差 LM 均通过了显著性检验，但是空间滞后和空间误差 LM 统计量均未通过显著性水平检验。个体时期双固定效应模型的空间滞后 LM 和空间误差 LM 检验均未通过显著性检验。接着，选用 LR 检验来确定选取的模型的形式，关于空间固定效应的 LR 统计量值为 376.0439（P = 0.0000），关于时期固定效应的 LR 统计量值为 47.9710（P = 0.0000），表明使用个体时期双固定效应模型，并且对于模型选择的 Hausman 检验值为 17.4354（P = 0.2935）。

表 5 - 6   中部区域标准面板模型估计结果

解释变量	混合效应模型	个体固定效应模型	时期固定效应	个体时期固定效应
截距	− 0. 5401 *** (− 3. 9744)			
初始年份城镇化水平	− 0. 0676 *** (− 12. 9487)	0. 0347 (0. 0000)	− 0. 0793 *** (− 15. 4176)	0. 1036 (0. 0000)
GDP	0. 0506 *** (9. 7520)	− 0. 0343 ** (− 1. 9974)	0. 0498 *** (10. 2479)	− 0. 0130 (− 0. 6771)
第二产业比重	0. 1119 *** (5. 9415)	0. 0239 (0. 8960)	0. 0724 *** (3. 9567)	0. 0114 (0. 4286)
第三产业比重	0. 1064 *** (6. 0399)	− 0. 0070 (− 0. 3788)	0. 0899 *** (5. 4107)	0. 0006 (0. 0344)
工资水平	− 0. 0381 *** (− 3. 3254)	0. 0703 ** (3. 0652)	0. 1199 *** (5. 3179)	0. 1398 *** (3. 3164)
开放程度	0. 0032 (0. 9552)	− 0. 0067 (− 1. 4371)	− 0. 0026 (− 0. 7918)	− 0. 0029 (− 0. 6392)
户籍歧视	0. 0418 *** (2. 8552)	− 0. 0268 (− 1. 0854)	0. 0061 (0. 4050)	− 0. 0533 (− 1. 3516)
σ^2	0. 0044	0. 0022	0. 0038	0. 0020
R^2	0. 3017	0. 0568	0. 3694	0. 0390
Logl	756. 9458	960. 9923	796. 9559	984. 9778
空间滞后 LM 检验	0. 9108	18. 8596 ***	10. 7527 ***	1. 4914
空间滞后稳健 LM 检验	21. 3232 ***	5. 0366 **	0. 9966	0. 0192
空间误差 LM 检验	0. 8941	21. 2609 ***	9. 8808 ***	1. 5388
空间误差稳健 LM 检验	21. 3065 ***	7. 4380 ***	0. 1246	0. 0665

注:括号中为 t 值, * 、** 、*** 分别表示在 10% 、5% 和 1% 的显著性水平上通过假设检验。

根据各个检验值综合判断,最后选择个体时期双固定的空间随机效应模型,结果见表 5 - 7。模型的空间滞后和空间误差的 Wald 检验值分别为 21. 4746 和 19. 4513,空间滞后和空间误差的 LR 检验值分别为 19.6070 和 19.7202，均通过检验，表明模型不能被简化为空间滞后模型或空间误差模型。

表 5 - 7　　　　　　　　空间杜宾随机模型估计结果

解释变量	系数	T 值
初始年份城镇化水平	- 0.0646 ***	- 5.5127
GDP	0.0335 ***	3.3768
第二产业比重	0.0354	1.5192
第三产业比重	0.0238	1.3611
工资水平	0.1218 ***	3.7246
开放程度	- 0.0017	- 0.4114
户籍歧视	- 0.0139	- 0.4835
W × 初始年份城镇化水平	- 0.1112	- 1.2872
W × GDP	0.0975	1.5842
W × 第二产业比重	0.4293 ***	2.8209
W × 第三产业比重	0.4265 ***	3.0003
W × 工资水平	0.1129	0.5493
W × 开放程度	- 0.0641 **	- 2.1943
W × 户籍歧视	- 0.1328	- 0.7534
W × 城镇化水平	- 0.6288 ***	- 3.5738
ϕ^2	0.3230 ***	7.9270
σ^2	0.0021	
R^2	0.6496	
Logl	898.2224	
空间滞后 Wald 检验	21.4746 ***	
空间滞后 LR 检验	19.6070 ***	
空间误差 Wald 检验	19.4513 ***	
空间误差 LR 检验	19.7202 ***	

　　注：*、**、***分别表示在 10%、5% 和 1% 的显著性水平上通过假设检验。

　　通过对中部地区的个体时期双固定空间杜宾随机模型的估计结果可以发现，中部地区的城镇化水平同样存在条件趋同的现象，趋同的速度略快于长江经济带全域水平。同时，区域经济发展水平、工资水平、周边区域的第二产业比重、周边区域的第三产业比重、周边区域的开放程度以及周边区域的城镇化水平同本区域的城镇化水平存在相关关系。其中，本区域的 GDP、工资水平、周边区域的第二产业比重、第三产业比重同本区域的城镇化水平存在正向相关关系，具体表现为以上变量每提升 1%，本区域的城镇化水平分别上升约 0.0335%、0.1218%、0.4293% 和 0.4265%；周边区域的开放程度和城镇化水平同本区域的城镇化水平存在着负相关的关系，以上变量每提升 1%，本区域的城镇化水平下降约 0.0641% 和 0.6288%。

中部区域的城镇化发展依然受其工业化所处的发展阶段的制约，同时还受到了东部区域的影响，由于人口可以在区域间自由流动，因此，农村剩余劳动力多会流向经济更为发达的东部区域，所以中部地区城市本身的第二产业和第三产业的发展对城镇化水平提升的效用不大。但其邻居区域的第二产业、第三产业比重的上升则会通过区域之间的竞争效应产生空间外溢，从而使得本区域的城镇化水平得以提升。同时，由于竞争效应的存在，周边区域城镇化水平的提升则意味着本区域城镇化水平的下降。而闭塞的贸易环境则会加强市场之间的分割，使得贸易变得成本更高，并导致了本区域工业品价格指数的上升，从而使得在城市工作的竞争力下降，导致城镇化水平的下降。同时，本区域的工资水平的上升会使在城市工作更具有吸引力，并导致城镇化水平的上升。

3. 西部区域

西部区域标准面板数据的估计结果见表 5–8。

表 5 - 8 　　　　　　　　标准面板模型估计结果

解释变量	混合效应模型	个体固定效应模型	时期固定效应	个体时期固定效应
截距	0.3807 * (1.8207)			
初始年份城镇化水平	-0.0611 *** (-6.6017)	-0.0025 (0.0000)	-0.0632 *** (-6.7777)	0.3266 (0.0000)
GDP	0.0778 *** (6.3073)	-0.0141 (-0.2514)	0.0774 *** (6.2730)	0.0494 (0.7515)
第二产业比重	0.0592 ** (2.0522)	0.0118 (0.1840)	0.0509 * (1.6903)	-0.0036 (-0.0553)
第三产业比重	0.0535 (1.6233)	-0.1324 ** (-2.2176)	0.0485 (1.4462)	-0.1486 ** (-2.4119)
工资水平	-0.1095 *** (-5.3074)	-0.0067 (-0.0988)	-0.0542 (-1.0944)	0.1930 (1.4855)
开放程度	-0.0115 *** (-3.1638)	0.0121 * (1.7507)	-0.0127 *** (-3.4132)	0.0127 * (1.8322)
户籍歧视	-0.0572 ** (-2.3015)	-0.1553 *** (-2.6830)	-0.0645 ** (-2.4418)	-0.2505 *** (-3.0017)
σ^2	0.0102	0.0069	0.0101	0.0068
R^2	0.1948	0.0518	0.1987	0.0559
Logl	415.0723	506.3048	417.2526	509.1465
空间滞后 LM 检验	5.4266 **	4.3838 **	7.4161 ***	5.6663 **
空间滞后稳健 LM 检验	1.4645	0.0176	0.8815	1.6834
空间误差 LM 检验	4.3829 **	4.8590 **	6.6177 **	6.5498 **
空间误差稳健 LM 检验	0.4209	0.4928	0.0831	2.5670

注：括号中为 t 值，*、**、*** 分别表示在 10% 、5% 和 1% 的显著性水平上通过假设检验。

估计结果中，关于空间固定效应的 LR 统计量值为

183.7876（P = 0.0000），关于时期固定效应的 LR 统计量值为 5.6834（P = 0.8411），表明使用个体固定效应模型，并且对于模型选择的 Hausman 检验值为 21.5135（P = 0.1212），根据各个检验值综合判断，最后选择空杜宾间随机效应模型，结果见表 5-9。模型的空间滞后和空间误差的 Wald 检验值分别为 22.6713 和 21.2472，空间滞后和空间误差的 LR 检验值分别为 21.9587 和 25.1389，均通过检验，表明模型不能被简化为空间滞后模型或空间误差模型。

表 5-9　　　　西部区域空间杜宾随机模型估计结果

解释变量	系数	T 值
初始年份城镇化水平	-0.0714***	-4.3321
GDP	0.0797***	3.7635
第二产业比重	-0.0139	-0.2860
第三产业比重	-0.0774	-1.5595
工资水平	-0.0662	-0.9224
开放程度	0.0005	0.0968
户籍歧视	-0.0842*	-1.8291
W×初始年份城镇化水平	-0.0240	-0.1620
W×GDP	-0.0010	-0.0052
W×第二产业比重	1.3446***	3.2301
W×第三产业比重	0.4138	1.1917
W×工资水平	-2.0617***	-3.2669
W×开放程度	-0.0793	-1.6137
W×户籍歧视	0.4421*	1.6808
W×城镇化水平	-1.0217***	-3.9629
ϕ^2	0.4603***	7.4129
σ^2	0.0069	
R^2	0.4403	
Logl	459.0232	
空间滞后 Wald 检验	22.6713***	

解释变量	系数	T 值
空间滞后 LR 检验	21. 9587 ***	
空间误差 Wald 检验	21. 2472 ***	
空间误差 LR 检验	25. 1389 ***	

注：*、**、*** 分别表示在 10%、5% 和 1% 的显著性水平上通过假设检验。

西部区域的空间杜宾随机模型的估计结果同样显示出较为显著的条件趋同现象，其趋同速度高于长江经济带总体区域，也高于长江经济带东部和中部区域。同时，对西部城镇化水平有影响的还包括区域经济发展水平（GDP）和户籍歧视程度，以及周边区域的第二产业比重、周边区域的工资水平、户籍歧视程度和城镇化水平。其中，本区域的 GDP、周边区域的第二产业比重同本区域的户籍歧视程度呈正相关关系，本区域的GDP、周边区域的第二产业比重和户籍歧视程度每上升 1%，本区域的城镇化水平分别上升约 0.0797%、1.3446% 和 0.4421%。本区域的户籍歧视程度、周边区域的工资水平、城镇化水平同本区域的城镇化水平呈负相关关系，以上变量每上升 1%，本区域的城镇化水平分别下降约 0.0842%、2.0617% 和 1.0217%。

作为人口流出的主要区域之一，长江经济带西部区域城镇化还有较大的提升空间，受其"邻居区域"的相关变量的影响较大，但是对本区域的部分变量影响却并不显著。从回归结果可以看出，长江经济带西部区域发展经济和放松户籍管制均对本区域城镇化水平提升起到了正向的作用，但是其作用不如周边区域放松户籍和发展第二产业明显，同时，周边区域的工资水平和城镇化水平的提升均对本区域的城镇化具有较为明显的负向作用。这主要是由于临近而产生的空间竞争效应和空间溢出效应所决定的。相邻地区之间由于所处环境相似，且均处于城镇化水平较低的发展阶段，故而在城镇化进程中竞争效应比空间溢出效应更为明显，当邻居区域采取更高的工资和更低的户籍歧视程度时，由于临近带来的交易成本的缩小，往往会对本区域农村剩余劳动力造成较大的吸引力，从而使得本区域和邻居区域的城镇化水平呈相反的变化方向。然而，周边区域的工业化同样也会使得本区域的农村的基本工资变高，最终的结果是造成多区域城镇化水平的提升。

5.1.5　政策启示

通过对影响长江经济带城镇化水平趋同因素的分析，以及对其全域层面和分东部、中部和西部区域层面的城镇化发展趋同现象，我们发现，在长江经济带东部、中部、西部以及全域均发现了明显的趋同现象，趋同的速度由快及慢依次为：西部、中部、全域、东部。长江经济带东部、中部和西部的城镇化发展不仅仅体现在趋同速度上，同时还体现在各个区域的影响因素上。由于发展阶段不同，各个区域城镇化水平提升受到的制约并不一致，因而需要对症下药，方能实现城镇化水平的全面协调发展。对于东部区域，要继续保持区域经济高度集中和中高速增长的发展态势，进一步加强开放，发展第三产业，减少第二产业，降低户籍歧视程度以促进城镇化水平的提升；对于长江经济带中部区域，应保持本区域经济中高速增长、提升城市工资水平并减少户籍歧视程度，注重以"城市群"为对象发展第二、第三产业，促进区域工业化，并同时加强区域的开放程度以促进城镇化水平的提升；对于长江经济带的西部区域，应保持本区域经济中高速增长、减轻户籍歧视程度并以城市群为基础推进区域工业化进程。同时，对于大部分区域而言，相比于本城市的相应政策和条件，其城镇化水平更多地会受到它周边区域的相应政策和条件的影响，因此，在制定城镇化政策时需要综合考虑，协同推进。

　　实证结果从三个方面对制定政策有一定的参考意义：第一，长江经济带幅员辽阔，不同区域的经济发展水平和工业化所处的阶段并不一致，但是人口又可以在不同区域之间自由流动，因而区域间存在着较为复杂的相互作用关系。在推进城镇化建设的政策时，需要充分结合区域本身的发展条件，制定适合本区域发展的政策。对于东部，应以产业现代化和经济发展可持续化的思路为主；对于中西部城市，则应以促进区域发展和工业化的思路为主。第二，尽管促进和制约长江经济带不同区域的因素千差万别，但是无论是东部、中部还是西部，户籍歧视是制约城镇化水平提升的一大障碍，经济发展是促进城镇化水平的共同元素。所以可以一般地说，降低户籍歧视程度和促进地方工业化以及经济发展应成为目前促进长江经济带城镇化发展的举措之一。第三，由于空间效应的存在，即本区域和邻居存在的空间竞争效应、空间溢出效应和空间临近效应，使得一个区域的城镇化水平更多地受到其周边城市的发展条件的影响。因而以城市群为单位，注重发挥集聚经济的规模效应，应成为提升长江经济带城镇化水平的一个载体。同时，"拉近"同城镇化水平较高的那些城市之间的"距离"，同样也是促进城镇化发展的参考政策之一。

5.2　交通基础设施建设对人口集聚的空间效应

　　理论模型已经清晰地展示出，距离是影响城镇化空间格局的一个重要变量，一个区域的城镇化水平可能会受到其周边邻居的发展水平的影响。根据泰勒的地理学第一定律，空间相互作用随距离的增加而减弱。该定律也可以理解为一个地区的"邻居"会随着距离的增加而减少，因为距离越远，相互作用越弱。"距离"不仅仅包含地理空间距离，还包括了经济距离、文化距离等广义的"距离"，但是以上距离或多或少要受到空间距离的影响。那么，两个地区之间的"距离"是否可以改变？一个区域是否可以选择城镇化发展较好的区域作为自己的"邻居"？从世界角度来看，全球化的不断推进证实了这一问题的答案是可行的。尽管两区域的空间欧式距离是不变的，但是交通条件却可以不断完善，从而缩短运输时间、减少运输成本，加强区域之间的要素流动，最终使两地的"距离"不断拉近。那么，在实际中，交通基础设施的建设能否促进区域城镇化水平的提升？一个区域周边"邻居"的交通基础设施条件能否对该区域的城镇化水平产生影响？本节试图针对以上问题作出研究。

5.2.1　相关假说

　　交通基础设施建设一直作为政府的一种宏观调控的手段和推进区域经济发展的途径，并且受到了经济学家的重点关注。经济学界关于这方面较为经典的是罗丹的大推进理论，他认为交通基础设施是一种社会先行资本，必须要优先发展。然而，罗丹的理论忽视了规模经济的重要作用和区域之间经济发展的相互影响，因此，有可能会低估交通基础设施的重要作用。在实证方面，奥肖尔（Auchauer, 1989）运用新古典经济增长模型，通过研究对交通投资的减少和经济生产率的下降之间的关系，发现了交通基础设施对经济增长有着重要的作用，其弹性系数为0.39。遗憾的是，奥肖尔的研究中同样没有考虑到交通条件的溢出作用。

事实上，交通基础设施作为衡量区域之间距离的主要途径，对区域之间要素交流具有重要的意义。在城镇化方面，交通基础设施在区域临近效应的发挥具有较为重要的作用，使得原本距离较远的两个区域通过要素的低成本流动成为"邻居"，从而发挥更强的市场价格效应和市场规模效应。在以东部、中部和西部为划分的长江经济带中，东部城镇化水平最高，市场规模也最大，因而在初始条件中即为城镇化水平较为发达的区域。其他区域同长江经济带越近，则市场价格效应和市场规模效应就越大，居民有更多的意愿留在本地，故而城镇化水平就越高。交通基础设施的建设无疑会增加这种效应。

然而，以上情况的发生需要一定的前提条件，即大城市的人口基本达到饱和的状态，人口在大城市的成本和其收益相当，此时，人们会更加看重距离要素，转而流向那些距离大城市"较近"的、又不像大城市一样拥堵的小城市。而如果城镇化依旧处于向大城市流入为主的阶段时，交通基础设施建设无疑会拉进城镇同大城市之间的距离，从而加快人口向大城市的流动，从数据上来看，则会显示出交通基础设施建设同本地的人口集聚水平呈现负相关的关系。而观察近年来长江经济带的人口流向和集聚模式可知，长江经济带城镇化正处于人口向大城市流入的阶段。交通基础设施建设不一定会带来人口向本地城镇的集聚，而会促进人口向大城市的集聚。

为此，我们提出假设：现阶段长江经济带交通基础设施建设有利于人口向大城市集聚，不利于人口向本地城镇集聚。

需要注意的是，以上假设绝不意味着否定交通基础设施对区域城镇化所起到的重要作用，相反，只有更为便捷的交通基础设施，才能真正"拉近"本区域同大城市之间的距离，从而在人口回流阶段使本地城镇由于临近效应而更具有竞争力。所以，在此更加赞同罗丹的观点，认为交通基础设施是促进区域城镇化发展的前提条件。长远看，建设完善本地交通基础设施，特别是快速交通体系的建立，将有助于本地城镇化的推进。另外，我们加入控制变量，进一步研究交通基础设施建设对区域城镇化水平的影响。

5.2.2　研究的基础模型

基础模型如式（5-4）所示，其中，y 表示区域城镇化水平，用城区常住人口来表示；road 表示交通基础设施建设程度，用区域的路网密度来表示；GDP 表示区域市场规模，用地区 GDP 来表示；sec_ ind 和 thd_ ind 表示地区的工业化水平，用第二、第三产业增加值占 GDP 的比重来表示；wage 表示城市的工资水平，用城镇人口人均可支配收入来表示；open 表示地区的对外开放程度，用对外贸易依存度来表示；diff 表示户籍歧视的程度，用地区的城镇与农村居民收入之比来表示。另外，考虑到交通基础设施对城镇化的影响存在空间外部性，列出式（5-4）的空间形式，如式（5-5）、式（5-6）、式（5-7）所示。

$$y = \beta road + \beta_1 GDP + \beta_2 sec\_ ind + \beta_3 thd\_ ind$$
$$+ \beta_4 wage + \beta_5 open + \beta_6 diff + \xi \qquad (5-4)$$

式（5-4）中，$\beta \sim \beta_6$ 为各变量的系数，ξ 为随机误差项。

$$y = \beta road + \beta_1 GDP + \beta_2 sec\_ ind + \beta_3 thd\_ ind +$$
$$\beta_4 wage + \beta_5 open + \beta_6 diff + \rho \sum_{j=1}^{N} w_{ij} \cdot y + u_i + v_t + \varepsilon_{i,t}$$
$$(5-5)$$

式（5-5）为模型的空间滞后形式，其中，ρ 为模型空间滞后项的系数，w_{ij} 为空间权重矩阵 W 中的元素，仍采用距离的倒数来衡量，u_i、v_t 和 $\varepsilon_{i,t}$ 分别表示空间（个体）效应、时期效应和随机误差项。

$$y = \beta road + \beta_1 GDP + \beta_2 sec\_ ind + \beta_3 thd\_ ind$$
$$+ \beta_4 wage + \beta_5 open + \beta_6 diff + \phi_{it},$$
$$\phi_{it} = \lambda \sum_{j=1}^{N} w_{ij} \phi_{jt} + \varepsilon_{i,t} \qquad (5-6)$$

式（5-6）为模型的空间误差模型形式，其中，ϕ_{it} 表示空间自相关误差项，λ 为空间误差系数。

$$y = \beta road + \beta_1 GDP + \beta_2 sec\_ ind + \beta_3 thd\_ ind +$$
$$\beta_4 wage + \beta_5 open + \beta_6 diff + \eta_1 \sum_{j=1}^{N} w_{ij} \cdot road +$$
$$\eta_2 \sum_{j=1}^{N} w_{ij} \cdot GDP + \eta_3 \sum_{j=1}^{N} w_{ij} \cdot sec\_ ind +$$
$$\eta_4 \sum_{j=1}^{N} w_{ij} \cdot thd\_ ind + \eta_5 \sum_{j=1}^{N} w_{ij} \cdot wage +$$
$$\eta_6 \sum_{j=1}^{N} w_{ij} \cdot open + \eta_7 \sum_{j=1}^{N} w_{ij} \cdot diff + u_i + v_t + \varepsilon_{i,t}$$
$$(5-7)$$

式（5-7）为模型的空间杜宾模型形式。

5.2.3　计量结果与讨论

依然按照艾尔霍斯特（Elhorst J. P.，2014）提供的标准程序，首先对式（5-4）进行估计，再分别对固定了个体和时期的面板数据模型作回归，进一步检验核实空间效应的形式，通过 LR 检验确定模型是否存在时期或个体固定效应；通过 Hausman 检验确定模型采取随机效应形式还是固定效应形式。对标准面板数据的 OLS 回归结果见表5-10。

表5-10　　　　　　　标准面板模型估计结果

解释变量	混合效应模型	个体固定效应模型	时期固定效应	个体时期固定效应
截距	46.5219** (2.4694)			
基础设施建设	15.7918*** (2.6496)	-3.8170* (-1.7062)	15.4686** (2.5206)	-3.3711 (-1.4548)
GDP	0.1068*** (51.1620)	0.0337*** (27.6102)	0.1076*** (50.8701)	0.0347*** (26.2397)
第二产业比重	0.1308 (0.6382)	0.2073** (2.1324)	0.1650 (0.8033)	0.1882* (1.8410)
第三产业比重	1.3600*** (3.9303)	-0.3638** (-2.0996)	1.4380*** (4.1202)	-0.3480* (-1.9180)
工资水平	-0.0106*** (-19.8125)	-0.0024*** (-10.2971)	-0.0125*** (-12.9484)	-0.0038*** (-5.2828)
开放程度	-126.6109 (-1.4871)	204.3874*** (2.6729)	-26.7174 (-0.2767)	237.5812*** (3.0286)
户籍歧视	4.0714 (1.1976)	-0.3591 (-0.1451)	3.7647 (1.0940)	3.0829 (1.0482)
σ^2	9376.7256	802.1855	9329.3226	796.1612

解释变量	混合效应模型	个体固定效应模型	时期固定效应	个体时期固定效应
R^2	0.7569	0.3893	0.7577	0.3773
Logl	−8564.5000	−6807.0000	−8561.3000	−6801.6000
空间滞后 LM 检验	42.9503 ***	11.5347 ***	44.0991 ***	18.2653 ***
空间滞后稳健 LM 检验	86.5499 ***	7.6225 ***	83.8157 ***	8.5862 ***
空间误差 LM 检验	0.0983	5.3706 **	0.3450	11.0498 ***
空间误差稳健 LM 检验	43.6979 ***	1.4584	40.0616 ***	1.3707

注：括号中为 t 值，*、**、*** 分别表示在 10%、5% 和 1% 的显著性水平上通过假设检验。

下面，试着使用空间杜宾模型来对模型中的空间相关性加以解释。对空间固定效应和时期固定效应 LR 检验值分别为 3519.3958（P = 0.0000）和 10.7795（P = 0.4619），表明模型的形式为个体固定效应模型。该模型的空间滞后拉格朗日检验、空间误差拉格朗日检验、稳健性空间滞后拉格朗日检验和稳健性空间误差拉格朗日检验值为：11.5347（P = 0.001）、7.6225（P = 0.006）、5.3706（P = 0.020）和 1.4584（P = 0.227）。对空间误差形式的模型没有通过显著性检验，表明使用空间滞后模型来进行估计。模型的 Hausman 检验值为 124.6887（P = 0.0000），表明使用固定效应模型优于随机效应模型。最终确定的模型形式为个体固定效应的空间滞后模型，所得结果见表 5 – 11。

表5-11 空间滞后效应模型估计结果

解释变量	系数	T值
基础设施建设	-4.2761*	-1.8455
GDP	0.0334***	26.5107
第二产业比重	0.1814*	1.8035
第三产业比重	-0.3151*	-1.7569
工资水平	-0.0017***	-5.7503
开放程度	220.8717***	2.7887
户籍歧视	-1.5502	-0.6056
W×Y	-0.7434***	-5.0435
σ^2	857.8111	
R^2	0.9797	
Logl	-6799.6338	

注：*、**、***分别表示在10%、5%和1%的显著性水平上通过假设检验。

由表5-11的结果可以看出，现阶段的基础设施建设对本区域的城镇化水平基本呈负向关系，等级路网密度每增加1个单位，城镇集聚人口减少4.2761个单位。区域GDP水平、第二产业比重和贸易开放程度同城镇集聚的人口呈正相关关系，以上变量每增加1个单位，城镇集聚人口分别增加0.0334、0.1814和220.8717个单位。第三产业比重和城市工资水平同区域的城镇化呈负相关的关系，第三产业比重每增加1单位，城镇集聚人口减少0.3151个单位，工资水平每增加1单位，城镇集聚人口数减少0.0017个单位。户籍歧视同区域城镇化水平为负相关，但是结果不显著。值得注意的是，在控制了个体效应后，模型的空间滞后项变得十分显著，且与城镇化呈负相关，空间滞后项每增加1个单位，城镇集聚的人口减少0.7434个单位，这表明长江经济带的城镇化存在明显的空间相关性和空间异质性。这同前面假设相一致。

上述结果同长江经济带城镇化所处的阶段密切相关。长江经济带近十年来的发展，无论是从大城市对人口集聚的趋势来看，还是从人口空间流动迁徙的方向来看，均处于克鲁格曼所描述的城镇化的"第二阶段"。此时，区域之间的竞争多过于合作，因此，周边城市的城镇化水平同本区域的呈现负相关的关系。且由于人口向以大城市流入为主，本地区为吸引人口就需要提升本地的工资，但是吸引力不如大城市的规模效应和价格效应对人口的凝聚，故而本地区的工资会同城镇人口集聚呈现负相关的关系。而我们本节较为关注的交通问题，交通体系越发达，虽然能够"拉进"同大城市的距离，分享由于临近带来的市场规模效应和价格指数效应，但同时也降低了人口迁徙的成本，在人口自由流动的前提下，直接前往大城市成了不错的选择。所以短期看，交通基础设施的完善反而不利于人口向本地区城镇的集聚，但是能促进人口向大城市流动，长远看，依然有利于城镇化的建设。

5.2.4 结论与政策启示

通过回归结果我们得到的较为明确的结论是：现阶段长江经济带交通基础设施的完善不利于人口向本地城镇集聚，更多的是促进本地人口向大城市的流入，这同长江经济带现阶段城镇化所处的阶段密切相关。但是长远看，交通基础设施作为区域发展的前提条件，对于吸引人口回流，推进本地城镇化建设具有决定性的作用。

本节的政策启示也是明确的，交通基础设施作为区域起飞发展的前提条件，应给予足够的重视。近年来，长江经济带人口由东向西的单向流动说明了该区域的城镇化正处于人口向大城市集聚的状态，此时，交通基础设施建设能够拉进本区域同大城市的距离，从而促进人口向大城市集聚，这就导致了本地城镇化和大城市城镇化存在一定的竞争，故而显示出了负向的空间滞后效应。目前，政府不应对抗城镇化的大的发展规律，通过限制人口向大城市流入的形式来促进本地的城镇化，那样势必会造成城镇化水平的整体偏低。正确的做法是进一步推进户籍制度改革，降低大城市对人口流入的门槛，减少区域之间的分割，让人口实现真正的自由流动。这样才能顺应城镇化的大规律，然后才能充分发挥快速交通体系的作用，通过吸引人口回流的方式促进本地城镇化的发展。

5.3　小结

通过对影响长江经济带城镇化水平趋同因素以及单独对交通基础设施对城镇化的作用的分析，我们在长江经济带东部、中部、西部以及全域均发现了明显的趋同现象，趋同的速度由快及慢依次为：西部、中部、全域、东部。通过计量结果可以看出，目前，长江经济带的城镇化正处于人口向大城市集聚的阶段，且其各个区域所处的具体发展阶段并不相同，所以各个区域城镇化水平提升受到的制约也不一致，因而需要对症下药，方能实现城镇化水平的全面协调发展。对于东部区域，要继续保持区域经济高度集中和中高速增长的发展态势，同时进一步加强对外开放，并大力发展第三产业，减少第二产业，降低户籍歧视程度以促进城镇化水平的提升；对于长江经济带中部区域，应保持本区域经济中高速增长、提升城市工资水平并减少户籍歧视程度，同时，注重以"城市群"为对象发展第二和第三产业，促进区域工业化，并同时加强区域的开放程度以促进城镇化水平的提升；对于长江经济带的西部区域，应保持本区域经济中高速增长、减轻户籍歧视程度并以城市群为基础推进区域工业化进程。同时，对于大部分区域而言，相比于本区域的政策和条件，其城镇化水平更多地受到周边区域的政策和条件的影响，因此，在制定城镇化政策时需要综合考虑，协同推进。交通基础设施作为区域起飞发展的前提条件，虽然现阶段对本地城镇化的作用不明显，主要为促进大城市城镇化水平的增加，但长远看，交通基础设施能吸引人口回流，对推进本地城镇化建设具有决定性的作用。因此，建立长江经济带快速交通体系势在必行。

第6章　长江经济带城镇化空间效应的优化路径

理论和实践的研究证明了交通距离对于区域城镇化水平提升的重要作用，区域推进城镇化政策时，"邻居"区域的城镇化水平同样有重要影响。区域可以通过交通基础设施的建设"拉近"同那些城镇化水平较高的区域之间的距离来选择他的"邻居"。在交通条件相同的情况下，带状经济体依然会出现城镇化水平"高高集聚"和"低低集聚"的不平衡格局。所以需要把增长极的理论引入带状经济城镇化推进的过程中，以点带面，实现区域城镇化水平提升的全面突破。那么，哪些区域适合成为推进城镇化的突破点呢？新经济地理学分析的结论告诉我们，农村剩余劳动力流入城市的动力除了城市较高的工资水平外，还有由于市场规模的扩大带来的生活成本的下降和商品种类的增加。因此，扩大区域中心城市的市场规模实际上是推进城镇化建设的一个有效的方法。而在实践中遇到的问题是，在长江经济带中，哪些区域适合扩大市场规模，成为推进长江经济带建设的"中心城市"呢？2016年召开的中央城市经济工作会议确定了以城市群为主的推进区域城镇化建设的形式，国务院发布的一系列政策提出长江经济带建设"长三角、长江中游、成渝、黔中和滇中"五大城市群的设想，为长江经济带城镇化建设提供了方向。问题是，在推进城市群建设时，是采取"全面突破"的方式，还是采取"重点突破，以点带面"的方式？理论和实证研究更倾向于后一种。那么，哪些又该是长江经济带推进城镇化建设中的"中心"城市呢？可以从区域市场潜能的角度回答这个问题。

6.1　长江经济带不同地区市场潜能分析

市场潜能的概念最早由哈里斯（Harris，1954）提出，用以衡量美国各个地区接近本国市场的程度。市场潜能越大的区域，同市场的距离越接近，本身的市场规模也会越大。而根据本书的研究，本区域的城镇化水平部分会受到他的邻居的城镇化水平的影响，而城镇化又在很大程度上取决于区域市场规模，也就是说，实际上，区域的市场潜能是影响本区域城镇化水平的一个重要因素。那么，长江经济带各个区域的市场潜能是如何分布的呢？考察以上问题不仅仅可以回答各个区域城镇化水平的空间分布问题，也是下一步推进长江经济带城镇化建设的重要参考。

6.1.1　市场潜能的基本模型与数据说明

按照哈里斯（1954）的方法，地区 j 的市场潜能可以表示如下：

$$MP_j = \sum_j Y_j/d_{ij} \qquad (6-1)$$

式（6-1）中，MP_j 为区域的市场潜能。根据式（6-1）可以计算长江经济带的各个区域的市场潜能。我们分别以区域

GDP 和区域人均 GDP 衡量区域的市场购买力，运用 Arc-GIS10.2 软件计算了各个地区的空间距离，用来代表 d_{ij}，计算了 2003 年、2006 年、2009 年和 2013 年长江经济带市场潜能指数，所得结果如图 6－1 所示。

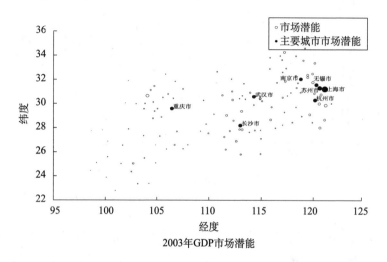

2003年GDP市场潜能

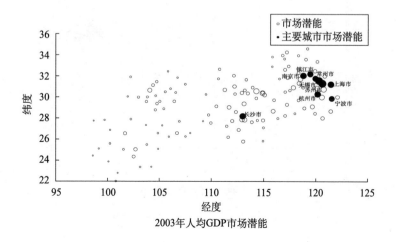

2003年人均GDP市场潜能

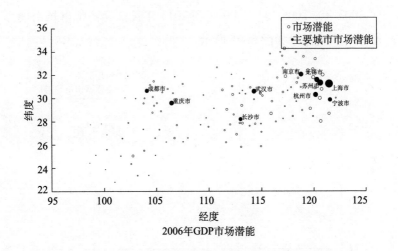

2006年GDP市场潜能

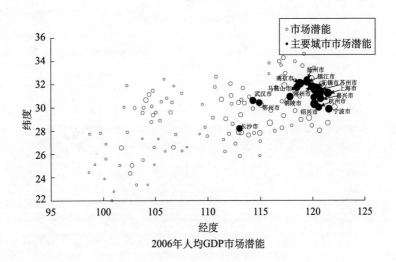

2006年人均GDP市场潜能

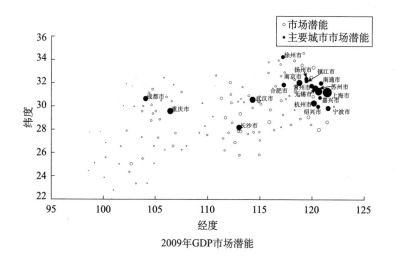

2009年GDP市场潜能

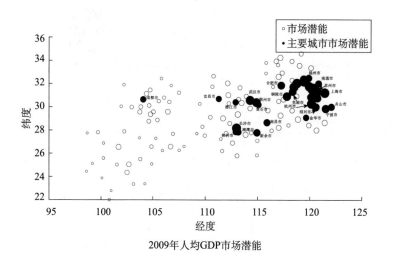

2009年人均GDP市场潜能

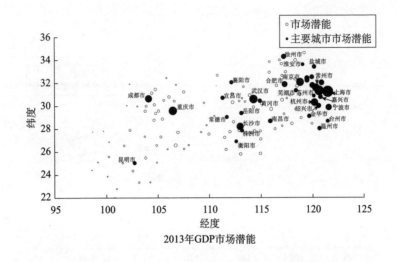

2013年GDP市场潜能

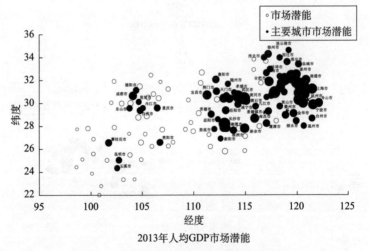

2013年人均GDP市场潜能

图 6 - 1　长江经济带市场潜能空间分布

6.1.2　长江经济带各地区市场潜能空间分布

图 6 - 1 显示了 GDP 和人均 GDP 为代表的长江经济带各区

域相应年份的市场潜能指数的空间分布。从图中我们可以看出，越来越明显的"核心—外围"结构以及长江经济带东部、中部和西部的"中心城市"。"核心—外围"结构指以长三角城市群为核心的高市场潜能区域，边缘指长江经济带的中西部其他区域。对我们有启发意义的是，东部、中部、西部均有市场潜能较高的城市，如上海、武汉、长沙以及重庆。无论是以GDP衡量还是以人均GDP来衡量购买力，2003～2013年，有越来越清晰的趋势表明以上四个城市正逐渐成为区域性的中心城市。如武汉市2003年的以GDP计算所得的市场潜力指数为74393.07，2013年为405102.93；以人均GDP计算所得的市场潜力指数，2003年为968972.30，2013年为3983313.01；长沙分别为76519.18、304258.78和1190220.92、4235233.25；重庆分别为73203.05、411715.20和260595.14、1392127.51。以上数据均远高于同期其他城市的水平。这表明以上几个城市同国内市场最为接近，也意味着新的"核心—外围"结构的中心潜力点。

6.1.3 市场潜能与人口集聚

还需要验证的一个问题是，市场潜能较高的地区，是否真的会像书中所预言的那样，能够成功吸引人们向该区域集聚，形成人口集聚的中心区域。为此，我们用各个区域的常住人口和该区域的市场潜能做简单回归，所得结果见表6-1。

表6-1　　　市场潜能与人口集聚的回归结果

指标	模型一	模型二
截距	64.37938***	76.05222***
MP_GDP	0.00057***	

指标	模型一	模型二
MP_ PGDP		0. 00001 ***
R^2	0. 26870 ***	0. 03000 ***
F	477. 27000 ***	40. 20000 ***
Hausman	55. 43000 ***	49. 79000 ***

注: * 、* * 和 * * * 表示在 10% 、5% 和 1% 的显著性水平上通过假设检验。

通过回归结果可以看出,无论是以 GDP 计算的市场潜能还是以人均 GDP 计算的市场潜能,在作为自变量时均与区域人口集聚存在显著的相关关系,以 GDP 计算的市场潜能每增加 1 个单位,区域常住人口增加约 0. 0057 万人,以人均 GDP 计算的市场潜能每增加 1 个单位,区域常住人口增加约 0. 00001 万人。这表明区域市场潜能的增加确实能够引起人口向本区域流动,从而形成新的区域中心城市,从这个角度而言,"以点带面"式的推进城镇化的策略,在这个层面上是正确的。通过建设中心城镇成为带动城镇化进程的"点",再通过交通基础设施建设拉近周边区域同"中心城市"的距离形成"片",最终通过高铁等快速交通格局或水运等大交通骨架形成"线",不同的"线"交错成网,从而促进区域城镇化水平的整体提升。这可以成为推进长江经济带城镇化的一种建设思路。

然而,现实情况同"理想局面"还有较大的差距,正如前面研究所看到的,尽管在长江经济带东部、中部以及西部各个区域内部均发现了城镇化趋同的趋势,然而,三大区域之间的城镇化水平的差距却越来越大,并且趋向于分割成为三个相互较为独立的市场,而且各区域内部的城市之间的联系也没有预期的那样紧密。以长江中游城市群为例,该城市群的提出实际上融合了武汉城市圈、长株潭城市群以及环鄱阳湖城市群三个城市群，是一种由城市群组形成的"城市群"。长江中游城市群的建设难度在于面积广大，总量也较大，随之受距离的影响各个城市或城市群之间的经济联系却随之减弱。制约各个城市之间联系的，不仅仅包括城市之间的交通通道，在快速交通通道建立起来之后，这种制约更多地体现在由于行政和政策差异而造成的区域市场的分割。重塑长江经济带城镇化的空间格局势在必行。

6.2　长江经济带城镇化空间格局重塑

协调推进长江经济带城镇化建设是国家城镇化战略的要求，而城镇化水平的空间不均衡又是城镇化建设中一直存在的现象，对于长江经济带城镇化建设同样面临这一问题。而新经济地理学的理论又告诉我们，区域发展差异的增加是经济集聚的一个必然结果。全面推进城镇化水平的提升便面临着在学界一直争吵不休的问题：是走以建设大城市为主、逐步带动小城市发展的战略，还是走优先发展小城市的道路？抑或是实行全面推进区域城镇化建设，同时发展大、中、小型城市？在对长江经济带城镇化的空间效应有所了解后，结论是：首先通过发展区域"中心城市"，并进一步带动周边区域，形成以区域城市群为着力点的"片网"的策略是可行的。城镇化的集聚和均衡不是一对不可解决的矛盾。

6.2.1　长江经济带城镇化空间格局述评

在中国改革开放的背景下，长江经济带城镇化的空间格局实际上经历了三个阶段:"以点带面"阶段、"以线带面"阶段和"群网带面"的发展阶段(倪鹏飞、李晃、王雨飞,2015)。1990 年以前,是以"中心城市"为支点的点线城市体系,由于沿轴沿线的快速体系还未建成,故而主要形成了"以点带面"的空间格局,各个"面"之间相互孤立,形成了分割的市场。1990~2010 年,为"以线带面"的发展格局,主要是由于高速公路建设拉近了区域"边缘"城市同中心城市的距离,从而带动了城市群的崛起。2010 年以后,随着高速铁路网络的逐渐形成,城镇化空间格局逐渐向"群网"体系迈进,进一步将形成"群网带面"均衡发展格局。长江经济带城镇化现有空间格局是政策和市场共同作用的结果。在政策方面,改革开放以来提出的"沿海沿江"的弓箭型开放政策,使得长江经济带东部区域成为最先开放发展的区域,从而具备了一定的先发优势。随之沿江西进的政策使得中部、西部区域依次得到了政策的倾斜,并逐渐吸引人口回流。市场方面,沿海的区位优势使得长江经济带东部区域具备了较高的市场潜能,成为最初人口集聚的"中心"区域,随后交通要素的改善使得其辐射范围不断增加,在区域竞争和空间外部性等的影响下,人口会逐渐向其"邻居"区域集聚,从而形成了带状经济的多核结构。

因此,从长江经济带城镇化空间格局的演化过程来看,从"以点带面"到"以线带面"再到"群网带面"具有一定的科学性,是符合其发展的客观规律的空间表现形式。当然,在发展的同时也暴露出来一定的问题。首先,在人口自由流动的条件下,"以点带面"的中心城市面临着同具有先发优势的沿海城市的竞争问题,其结果就是"点"不强,面不聚。区域经济由于缺乏中心城市增长极的带动，往往市场规模不大，对人口的集聚作用也有限。其次，大部分人口向沿海中心城市集聚的结果就是不平衡的区域城镇化空间格局，东部区域城镇化水平大幅度高于中西部区域。同时，在本区域"中心城市"发展较差时，交通基础设施的改善在一定时期内会加剧人口向沿海中心城市的流动，反而造成了本区域城镇化水平的下降。最后，"面不聚"的直接结果就是区域之间联系的减弱，并使区域发展进一步走向"边缘"，成为经济发展和人口集聚的"塌陷区"。近年来，"中部塌陷"现象的出现，某种程度上与此不无联系。在传统的中部六省中，经济联系一直不强，行政对市场分割的作用逐渐超越了地理空间的作用，阻碍了区域市场一体化进程。同时，也可以看出，"捆绑式"区域规划的不合理之处。长江中游城市群的提出同样也是类似于"捆绑式"的概念，当务之急除了加强其内部各个城市群之间的联系外，更重要的是让市场发挥其配置作用，形成真正联系紧密的"中部城市群"。

6.2.2　大城市还是小城市？论从集聚中走向均衡

在关于城镇化建设道路的讨论中，城镇化的"大小"之争一直是学者们争论热点问题。持优先发展大城市观点的学者认为，小城镇需要依靠大城市的辐射才能够生存；持优先发展小城市的观点则认为，人口过度向大城市集中则会带来"大城市病"。中国大城市的资源环境基础不足以支撑过多的人口生活在城市，因此更多地鼓励发展中小城市，使农民能够就近就业。国务院发布的《关于深入推进新型城镇化建设的若干意见》提出加强"点面结合，统筹推进"的原则。可见，协调推进城镇化是国家关于城镇化战略的重大抉择。

然而，对于带状经济，要促进其各个区域的协调发展，首要解决的问题，还是中心城市的建设问题。如果区域中心城市不能发挥自己的增长极作用，则区域势必会陷入整体格局的"边缘"。只有通过发挥中心城市的带动功能，才能实现城市群的城镇化水平的提升。而近年来，长江经济带东部和中部逐渐"融合"的趋势告诉我们，尽管集聚短期内会带来区域城镇化不平衡的加剧，但从长期来看，通过对边缘区域的不断辐射以及区域之间的相互作用，城镇化空间格局可以"从集聚中走向均衡"。由此再观长江经济带中西部区域的城镇化发展，本书的政策含义不言自明。

第一，以点带面，群网结合拉动区域城镇化水平的提升。在新的快速交通体系格局下，进一步培育武汉、重庆、长沙和成都等区域性的中心城市，扩大中心城市的市场规模，使其成为带动区域经济发展的增长极，也成为吸引人口回流的强力竞争地。在建设中心城市的同时，不断加强中心城市同区域其他城市之间的联系，优化交通格局，强化经济合作，形成合理的空间分工体系，促进产业在城市群内部的合理布局。

第二，依托黄金水道优化交通格局，加强城市群之间的联系。水运自古以来就是人们重要的运输方式之一，沿江发展是人类文明进步的客观规律。在以"群网带面"的区域发展新格局的背景下，依托黄金水道建设黄金交通走廊，通过以城市群为龙头带动区域发展，促进产业在城市群之间的合理布局，对推动长江经济带城镇化建设具有重要的意义。

第三，构建合理的城市体系结构，促进大中小城市协调发展。制约长江经济带城镇化的另一个问题是城市规模体系的不合理，表现为大型城市和小城市的缺失。因此，不仅需要培植大城市，充分发挥规模报酬的溢出作用，还要建设足够数量的小城镇接收城市的辐射效应，也作为大城市发展的支撑。通过这种方式达到"从集聚中走向均衡"。

6.3　小结

　　理论和实证的结果告诉我们：一个区域城镇化水平的提升更多地受到其周边区域的城镇化水平的影响。通过对长江经济带市场潜能的计算以及城镇化路径的讨论发现：以 GDP 和人均 GDP 为代表的市场潜能呈现越来越明显的"核心—外围"结构以及长江经济带东部、中部和西部的"中心城市"。东部城市群成为了长江经济带的"核心区域"，而中部的武汉、长沙以及西部的重庆则是未来城镇化"中心城市"的潜力点。在推进城镇化的路径方面，发展大型城市能够充分发挥市场的规模效应，从而"以点带面，点面结合"促进长江经济带城镇化水平的整体提升。尽管在短期内有可能会带来区域发展的不均衡，但是长期来看，从集聚中走向均衡，是长江经济带推进城镇化均衡建设的可行路径。

第7章 主要结论

通过对城镇化空间效应的系统梳理和运用实证方法对长江经济带城镇化空间格局的考察，以及构建融合了二元经济和新经济地理学的框架对带状经济城镇化的空间效应的探讨，本书得到的主要结论如下。

第一，城镇化的空间效应，可以归结三个方面：城镇化的空间格局和空间结构问题、城镇化空间格局的形成问题以及城镇化过程中的空间溢出效应。其中，城镇化的空间结构问题主要指城镇化过程形成的空间格局，包括城镇化水平的空间格局、城市体系的规模格局以及城市的经济分工格局三个方面；城镇化空间格局的形成机制，主要是借鉴二元经济理论和新经济地理理论来解释城镇化过程中不同空间格局的形成机制以及区域和城市之间相互作用的机理；城镇化过程中的空间溢出效应，主要关注城镇化过程中的区域间的空间依赖和空间异质现象。

第二，长江经济带城镇化形成了以城市群为单位，在城镇化水平上呈现出明显的空间趋同和差异的格局，同时，整个长江经济带和各个城市群之间在人口规模和经济分工上也具有差异性。总的来看，位于东部的城市群的城镇化水平、城市体系规模结构、城市分工的空间格局要优于位于中部的城市群，又优于位于西部的城市群，在带状经济体上形成了"三段五圈"的差异性城镇化水平的分布格局。之所以形成这种空间格局，原因有三个方面：（1）不同城市地理位置上的差异导致了城市的职能和经济分工的不同，同时，与现有港口的经济距离直接制约了地方的开放程度，并进一步影响了地方经济的发展；（2）城市的集聚力和分散力造成了不同城市对人口的吸引，从而影响到人口流动，并通过因果循环累积进一步强化；（3）户籍制度又限制了人口向城市的自由流动，从而造成在城市体系上大城市数量不足的现状。城镇化的空间效应正通过以下三个途径有所体现：（1）距离相近的城市往往自然条件和地理位置类似，因而城市职能和专业化结构类似，并进一步影响城市群内部的分工和城市群之间的分工；（2）距离制约了经济集聚的影响范围，从而使得相临近的地域单元呈现一定的空间相关性，并在长江经济带上形成了"俱乐部"趋同的现象；（3）制度因素加强了空间摩擦，增加了不同行政单元的市场分割程度，从而使得要素不能自由流动。

　　第三，通过对带状经济城镇化的空间效应的理论考察，发现：首先，二元经济中，户籍歧视的存在不利于城镇化水平的提升，它使得农村劳动供给变得缺乏弹性，并降低了农村剩余劳动力的供给，使那些有去城市工作意愿的人放弃了向城市移民，从而导致了城镇化过程中劳动力资源的错配。由于大量的农村劳动力被限制在农村继续工作，因而不利于农村隐性失业的减少，更不利于农业劳动生产率的提升。因此，进一步放松户籍管制，减少户籍歧视，对于我国来说，有助于城镇化水平的提升和"人口红利"的进一步释放。其次，当劳动力可以自由在区域之间流动时，在区域间处于开放和自由贸易的条件下，一个区域工业化水平的提升不仅能提升本地的城镇化水平，同时，由于区域城镇化进程中的竞争作用而同时促使另外一个区域工业化和农业现代化的完成，并能够间接提高另外一个区域的居民福利水平。从而在存在区域竞争的条件下，一个区域的工业化存在"空间外部性"，它能够改变另外一个区域的城镇化状况。这意味着促进长江经济带区域一体化的完成，减少市场和行政分割，将有利于整个区域的城镇化水平的提升。最后，在带状经济体的城镇化进程中，距离由于可以通过空间临近效应和空间扩散效应而显得较为突出。包含三个区域的带状经济体在三个区域距离合适的情况下容易产生城镇化的"双核"或者"多核"模式，空间扩散效应则意味着在城镇化的进程中，拉近同工业化水平发达或城镇化水平较高的区域的"距离"，对于提高本区域的城镇化水平有积极的作用。区域之间应该尽量减少交易成本，这将有助于区域城镇化水平的提升。

第四，在长江经济带东部、中部、西部以及全域均发现了明显的趋同现象，趋同的速度由快及慢依次为：西部、中部、全域、东部。目前，长江经济带的城镇化正处于人口向大城市集聚的阶段，且其各个区域所处的具体发展阶段并不相同，所以各个区域城镇化水平提升受到的制约也不一致，因而需要因地制宜，方能实现城镇化水平的全面协调发展。交通基础设施作为区域起飞发展的前提条件，虽然现阶段对区域城镇化的作用不明显，对大城市城镇化水平的提升作用较明显，但长远看，交通基础设施对吸引人口回流，推进本地城镇化建设具有决定性的作用。因此，建立长江经济带快速交通体系势在必行。

　　第五，一个区域城镇化水平的提升更多地受到其周边区域的城镇化水平的影响。通过对长江经济带市场潜能的计算以及城镇化路径的讨论发现：以 GDP 和人均 GDP 为代表的市场潜能呈现越来越明显的"核心—外围"结构以及长江经济带东部、中部和西部的"中心城市"。东部城市群成为长江经济带的"核心区域"，而中部的武汉、长沙以及西部的重庆则是未来城镇化"中心城市"的潜力点。在推进城镇化的路径方面，发展大型城市能够充分发挥市场的规模效应，从而"以点带面，点面结合"促进长江经济带城镇化水平的整体提升。尽管在短期内，有可能会带来区域发展的不均衡，但是长期来看，从集聚中走向均衡，是长江经济带推进城镇化均衡建设的可行路径。

参考文献

1. 安虎森，颜银根，朴银哲．城市高房价和户籍制度：促进或抑制城乡收入差距扩大？——中国劳动力流动和收入差距扩大悖论的一个解释 [J]．世界经济文汇．2011 (04)：41 – 54.

2. 安虎森．城乡边缘带以及经济区域空间的三元分法 [J]．延边大学学报（哲学社会科学版）．1997 (02)：62 – 68.

3. 安虎森．区域经济非均衡增长与区域空间二元结构的形成 [J]．延边大学社会科学学报．1997 (01)：66 – 70.

4. 保继刚，郑海燕，戴光全．桂林国内客源市场的空间结构演变 [J]．地理学报．2002 (01)：96 – 106.

5. 蔡昉，都阳．中国地区经济增长的趋同与差异——对西部开发战略的启示 [J]．经济研究．2000 (10)：30 – 37.

6. 蔡昉，杨涛．城乡收入差距的政治经济学 [J]．中国社会科学．2000 (04)：11 – 22.

7. 蔡昉．城乡收入差距与制度变革的临界点 [J]．中国社会科学．2003 (05)：16 – 25.

8. 蔡昉．二元经济作为一个发展阶段的形成过程 [J]．经济研究．2015 (07)：4 – 15.

9. 蔡昉. 中国经济面临的转折及其对发展和改革的挑战 [J]. 中国社会科学. 2007 (03): 4 – 12.

10. 曾国平, 王韧. 二元结构、经济开放与中国收入差距的变动趋势 [J]. 数量经济技术经济研究. 2006 (10): 15 – 25.

11. 陈斌开, 林毅夫. 重工业优先发展战略、城市化和城乡工资差距 [J]. 南开经济研究. 2010 (01): 3 – 18.

12. 陈得文, 陶良虎. 中国区域经济增长趋同及其空间效应分解——基于 SUR – 空间计量经济学分析 [J]. 经济评论. 2012 (03): 49 – 56.

13. 陈斐. 区域空间经济关联模式分析——理论与实证研究 [M]. 北京: 中国社会科学出版社, 2008.

14. 陈洁, 王耀中. 产业关联、空间效应与生产性服务业集聚——基于中国城市面板数据的研究 [J]. 山西财经大学学报. 2015, 37 (07): 35 – 46.

15. 陈修颖. 长江经济带空间结构演化及重组 [J]. 地理学报. 2007 (12): 1265 – 1276.

16. 陈钊, 陆铭. 在集聚中走向平衡——中国城乡与区域经济协调发展的实证研究 [M]. 北京: 北京大学出版社, 2009.

17. 陈忠暖, 高权, 王帅. 中国省际城镇化综合水平及其空间分异 [J]. 经济地理. 2014 (06): 54 – 59.

18. 陈宗胜, 黎德福. 内生农业技术进步的二元经济增长模型——对 "东亚奇迹" 和中国经济的再解释 [J]. 经济研究. 2004 (11): 16 – 27.

19. 陈宗胜, 宗振利. 二元经济条件下中国劳动收入占比影响因素研究——基于中国省际面板数据的实证分析 [J].
财经研究 . 2014 (02): 41 – 53.

20. 程开明，庄燕杰 . 城市体系位序 – 规模特征的空间计
量分析——以中部地区地级以上城市为例 [J]. 地理科学 .
2012 (08): 905 – 912.

21. 范晓莉 . 城市化、能源消费与中国经济增长——基于
新经济地理视角的动态关系研究 [J]. 西南民族大学学报
（人文社会科学版）. 2014 (01): 120 – 127.

22. 方创琳，周成虎，王振波 . 长江经济带城市群可持续
发展战略问题与分级梯度发展重点 [J]. 地理科学进展 . 2015
(11): 1398 – 1408.

23. 费孝通 . 论中国小城镇的发展 [J]. 中国农村经济 .
1996 (03): 40 – 43.

24. 费孝通 . 小城镇 大问题（续完） [J]. 瞭望周刊 .
1984 (05): 20.

25. 费孝通 . 小城镇 大问题（之二）——从小城镇的兴
衰看商品经济的作用 [J]. 瞭望周刊 . 1984 (03): 22 – 23.

26. 费孝通 . 小城镇 大问题（之三）——社队工业的发
展与小城镇的兴盛 [J]. 瞭望周刊 . 1984 (04): 6.

27. 高帆，秦占欣 . 二元经济反差：一个新兴古典经济学
的解释 [J]. 经济科学 . 2003 (01): 97 – 103.

28. 高帆 . 分工差异与二元经济结构的形成 [J]. 数量经
济技术经济研究 . 2007 (07): 3 – 14.

29. 高帆 . 交易效率、分工演进与二元经济结构转化
[M]. 上海：上海三联书店，2007.

30. 高帆 . 论二元经济结构的转化趋向 [J]. 经济研究 .

2005（09）：91－102.

31. 顾朝林，庞海峰. 建国以来国家城市化空间过程研究 [J]. 地理科学. 2009（01）：10－14.

32. 关伟，许淑婷. 中国能源生态效率的空间格局与空间效应 [J]. 地理学报. 2015，7（06）：980－992.

33. 韩其恒，李俊青. 二元经济下的中国城乡收入差距的动态演化研究 [J]. 金融研究. 2011（08）：15－30.

34. 何文. 我国城乡结构与城镇化研究 [D]. 天津：南开大学，2013.

35. 何兴强，王利霞. 中国 FDI 区位分布的空间效应研究 [J]. 经济研究. 2008（11）：137－150.

36. 何雄浪. 产业空间分异与我国区域经济协调发展研究——基于新经济地理学的研究视角 [M]. 北京：中国经济出版社，2013.

37. 何雄浪. 新经济地理学新发展：溢出效应、空间相关性与要素流动 [M]. 北京：经济科学出版社，2014：10－12.

38. 胡鞍钢，马伟. 现代中国经济社会转型：从二元结构到四元结构（1949—2009）.

39. 胡洁，陈彦煌. 贸易自由化、产业聚集与失业：新经济地理观 [J]. 世界经济. 2011（03）：40－50.

40. 贾敬全，殷李松. 财政支出对产业结构升级的空间效应研究 [J]. 财经研究. 2015（09）：18－28.

41. 贾兴梅，贾伟. 中国制造业集聚对城市化的空间效应分析 [J]. 财经科学. 2015（01）：79－89.

42. 简新华，何志扬，黄锟. 中国城镇化与特色城镇化道路 [M]. 1. 济南：山东人民出版社，2010：25－27，34.

43. 江曼琦.人口迁移与城镇体系规模结构［J］.南开学报.2004（06）：70－75.

44. 蒋尉.欧洲工业化、城镇化与农业劳动力流动［M］.北京：社会科学文献出版社，2013.

45. 蒋云红.美国城市商业空间组织的演变与发展趋势［J］.城市问题.1991（02）：57－61.

46. 金煜，陈钊，陆铭.中国的地区工业集聚：经济地理、新经济地理与经济政策［J］.经济研究.2006（04）：79－89.

47. 蓝庆新，陈超凡.新型城镇化推动产业结构升级了吗？——基于中国省级面板数据的空间计量研究［J］.财经研究.2013（12）：57－71.

48. 郎永清.二元经济条件下的结构调整与经济增长［J］.南开经济研究.2007（02）：128－139.

49. 李国平，王春杨.我国省域创新产出的空间特征和时空演化——基于探索性空间数据分析的实证［J］.地理研究.2012（01）：95－106.

50. 李国平.我国工业化与城镇化的协调关系分析与评估［J］.地域研究与开发.2008（05）：6－11.

51. 李浩，王婷琳.新中国城镇化发展的历史分期问题研究［J］.城市规划学刊.2012（06）：4－13.

52. 李金滟，宋德勇.专业化、多样化与城市集聚经济——基于中国地级单位面板数据的实证研究［J］.管理世界.2008（02）：25－34.

53. 李静霞.中国二元经济演化进程分析［J］.财经研究.2001（08）：35－39.

54. 李若建. 大跃进时期的城镇化高潮与衰退 [J]. 人口与经济. 1999 (05): 42 – 46.

55. 李文溥, 熊英. 刘易斯拐点的一个理论证伪——基于产品市场的视角 [J]. 经济研究. 2015 (05): 135 – 146.

56. 李小帆, 邓宏兵, 马静. 长江经济带新型城镇化协调性的趋同与差异研究 [J]. 地理科学进展. 2015 (11): 1419 – 1429.

57. 李晓春. 劳动力转移和工业污染——在现行户籍制度下的经济分析 [J]. 管理世界. 2005 (06): 27 – 33.

58. 李长亮. 中国省域新型城镇化影响因素的空间计量分析 [J]. 经济问题. 2015 (05): 111 – 116.

59. 连蕾. 我国人口迁移过程中的空间效应实证研究 [J]. 人口与经济. 2016 (02): 30 – 39.

60. 梁琦, 陈强远, 王如玉. 户籍改革、劳动力流动与城市层级体系优化 [J]. 中国社会科学. 2013 (12): 36 – 59.

61. 刘华军, 张权, 杨骞. 城镇化、空间溢出与区域经济增长——基于空间回归模型偏微分方法及中国的实证 [J]. 农业技术经济. 2014 (10): 95 – 105.

62. 刘松涛, 严太华. 知识关联、劳动者迁移与城镇化格局——基于新经济地理视角的理论分析与数值模拟 [J]. 华东经济管理. 2014 (04): 27 – 35.

63. 刘学华, 张学良, 李鲁. 中国城市体系规模结构: 特征事实与经验阐释 [J]. 财经研究. 2015 (11): 108 – 123.

64. 刘彦随, 杨忍. 中国县域城镇化的空间特征与形成机理 [J]. 地理学报. 2012 (08): 1011 – 1020.

65. 刘耀彬, 李仁东. 转型时期中国城市化水平变动及动

力分析 [J]. 长江流域资源与环境. 2003 (01): 8 – 12.

66. 刘勇. 中国城镇化发展的历程、问题和趋势 [J]. 经济与管理研究. 2011 (3): 20 – 26.

67. 卢丽文, 张毅, 李永盛. 中国人口城镇化影响因素研究——基于 31 个省域的空间面板数据 [J]. 地域研究与开发. 2014 (03): 54 – 59.

68. 陆大道, 姚士谋, 李国平, 等. 基于我国国情的城镇化过程综合分析 [J]. 经济地理. 2007 (06): 883 – 887.

69. 陆大道. 关于"点 – 轴"空间结构系统的形成机理分析 [J]. 地理科学. 2002 (01): 1 – 6.

70. 陆大道. 我国的城镇化进程与空间扩张 [J]. 中国城市经济. 2007 (10): 47 – 52.

71. 逯建, 施炳展. 中国的内陆离海有多远: 基于各省对外贸易规模差异的研究 [J]. 世界经济. 2014 (03): 32 – 55.

72. 罗胤晨, 谷人旭, 王春萌, 等. 县域工业集聚的空间效应分析及其影响因素——基于长江三角洲地区的实证研究 [J]. 经济地理. 2015, 35 (12): 120 – 128.

73. 吕健. 城市化驱动经济增长的空间计量分析: 2000 ~ 2009 [J]. 上海经济研究. 2011 (05): 3 – 15.

74. 马丽梅, 张晓. 区域大气污染空间效应及产业结构影响 [J]. 中国人口·资源与环境. 2014 (07): 157 – 164.

75. 马丽梅, 张晓. 中国雾霾污染的空间效应及经济、能源结构影响 [J]. 中国工业经济. 2014 (04): 19 – 31.

76. 马子量, 郭志仪, 马丁丑. 空间交互视角下的中国省级区域城市化进程分析 [J]. 中国人口科学. 2014 (05): 88 – 98.

77. 马子量，郭志仪，马丁丑. 西部地区省域城市化动力机制研究 ［J］. 中国人口. 资源与环境. 2014（06）：9 – 15.

78. 毛其智，龙瀛，吴康. 中国人口密度时空演变与城镇化空间格局初探——从 2000 年到 2010 年 ［J］. 城市规划. 2015（02）：38 – 43.

79. 倪鹏飞，李冕，王雨飞. 重塑中国经济地理新空间 ［EB/OL］. ［2016 – 03 – 20］. http：//biyelunwen. yjbys. com/cankaowenxian/608987. html.

80. 倪鹏飞，颜银根，张安全. 城市化滞后之谜：基于国际贸易的解释 ［J］. 中国社会科学. 2014（07）：107 – 124.

81. 齐昕，王雅莉. 城市化经济发展效应的实证分析 ［J］. 城市问题. 2013（09）：8 – 13.

82. 秦佳，李建民. 中国人口城镇化的空间差异与影响因素 ［J］. 人口研究. 2013（02）：25 – 40.

83. 清华大学学报（哲学社会科学版）. 2012，2（71）：16 – 29.

84. 沈惊宏，周葆华，余兆旺. 泛长三角地区城市的空间结构演变 ［J］. 地理研究. 2016（03）：482 – 492.

85. 沈体雁，冯等田，孙铁山. 空间计量经济学 ［M］. 北京：北京大学出版社，2010：18 – 19.

86. 宋德勇，胡宝珠. 克鲁格曼新经济地理模型评析 ［J］. 经济地理. 2005，25（04）：445 – 448.

87. 苏小，金彦平. 中国城镇化发展历程及变革研究 ［J］. 农村经济. 2013（10）：99 – 102.

88. 孙久文，姚鹏. 空间计量经济学的研究范式与最新进展 ［J］. 经济学家. 2014（07）：27 – 35.

89. 孙晓芳. 异质性劳动力与中国劳动力流动——基于新经济地理学的分析 [J]. 中国人口科学. 2013 (03): 36 - 45.

90. 唐志鹏, 刘卫东, 公丕萍. 出口对中国区域碳排放影响的空间效应测度——基于 1997—2007 年区域间投入产出表的实证分析 [J]. 地理学报. 2014, 69 (10): 1403 - 1413.

91. 陶勇. 二元经济结构下的中国农民社会保障制度透视 [J]. 财经研究. 2002 (11): 49 - 54.

92. 王诚. 劳动力供求"拐点"与中国二元经济转型 [J]. 中国人口科学. 2005 (06): 2 - 10.

93. 王桂新. 城市化基本理论与中国城市化的问题及对策 [J]. 人口研究. 2013 (06): 43 - 51.

94. 王家庭, 贾晨蕊. 我国城市化与区域经济增长差异的空间计量研究 [J]. 经济科学. 2009 (03): 94 - 102.

95. 王圣云, 翟晨阳. 长江经济带城市集群网络结构与空间合作路径 [J]. 经济地理. 2015 (11): 61 - 70.

96. 王小鲁, 夏小林. 优化城市规模 推动经济增长 [J]. 经济研究. 1999 (09): 22 - 29.

97. 王业强, 魏后凯, 蒋媛媛. 中国制造业区位变迁: 结构效应与空间效应——对"克鲁格曼假说"的检验 [J]. 中国工业经济. 2009 (07): 44 - 55.

98. 王永培, 袁平红. 工资差异、劳动力流动与工业集聚——基于新经济地理学的解释和实证检验 [J]. 财经科学. 2010 (03): 53 - 60.

99. 魏后凯. 中国城镇化进程中两极化倾向与规模格局重构 [J]. 中国工业经济. 2014 (03): 18 - 30.

100. 魏玮, 周晓博, 牛林祥. 产业多样化、职能专业化与城市经济发展——基于长三角和中原城市群面板数据的分析[J]. 财经论丛. 2015 (11)：3 - 9.

101. 吴福象，刘志彪. 城市化群落驱动经济增长的机制研究——来自长三角 16 个城市的经验证据 [J]. 经济研究. 2008 (11)：126 - 136.

102. 吴良镛. 城镇密集地区空间发展模式——以长江三角洲为例 [J]. 城市发展研究. 1995 (02).

103. 吴玉鸣. 中国省域经济增长趋同的空间计量经济分析 [J]. 数量经济技术经济研究. 2006 (12)：101 - 108.

104. 肖金成，黄征学. 长江经济带城镇化战略思路研究 [J]. 江淮论坛. 2015 (01)：5 - 10.

105. 肖卫，朱有志，肖琳子. 二元经济结构、劳动力报酬差异与城乡统筹发展——基于中国 1978～2007 年的实证分析 [J]. 中国人口科学. 2009 (04)：23 - 31.

106. 肖周燕. 中国人口与经济分布一致性的空间效应研究 [J]. 人口研究. 2013 (05)：42 - 52.

107. 谢治春. 制造业集聚与城镇化推进：基于省际面板数据的空间计量分析 [J]. 当代经济科学. 2014，36 (04)：20 - 25.

108. 新华社. 国家新型城镇化规划（2014—2020 年）[J]. 农村工作通讯. 2014，2015 (06)：32 - 48.

109. 徐明华，盛世豪，白小虎. 中国的三元社会结构与城乡一体化发展 [J]. 经济学家. 2003 (06)：20 - 25.

110. 许学强，周一星，宁越敏. 城市地理学 [M]. 北京：高等教育出版社，2009：133 - 135.

111. 颜银根. 论新经济地理学的理论脉络——从新经济地理到新新经济地理［J］. 中南财经政法大学学报. 2013（06）：3 – 12.

112. 姚鹏，孙久文. 贸易开放与区域收入空间效应——来自中国的证据［J］. 财贸经济. 2015（01）：132 – 142.

113. 叶耀先. 新中国城镇化的回顾和启示［J］. 中国人口. 资源与环境. 2006（02）：1 – 7.

114. 殷毅，曾文. 城市区域化与武汉城市空间布局［J］. 经济地理. 2006（01）：83 – 87.

115. 尹希果，刘培森. 城市化、交通基础设施对制造业集聚的空间效应［J］. 城市问题. 2014（11）：13 – 20.

116. 袁志刚，朱国林. 技术创新、收入分配和我国二元经济转型［J］. 天津社会科学. 2001（06）：61 – 67.

117. 张博野，闫晨红，曾菊新. "三铁"建设中的武汉城市圈空间效应［J］. 经济地理. 2014（10）：46 – 52.

118. 张超，王春杨，吕永强，等. 长江经济带城市体系空间结构——基于夜间灯光数据的研究［J］. 城市发展研究. 2015（03）：19 – 27.

119. 张桂文. 二元转型及其动态演进下的刘易斯转折点讨论［J］. 中国人口科学. 2012（04）：59 – 67.

120. 张洪，金杰，全诗凡. 房地产投资、经济增长与空间效应——基于70个大中城市的空间面板数据实证研究［J］. 南开经济研究. 2014（01）：42 – 58.

121. 张杰飞，李国平，柳思维. 中国农业剩余劳动力转移理论模型及政策分析：Harris – Todaro 与新经济地理模型的综合［J］.世界经济.2009（03）：82-95.

122. 张庭伟.1990 年代中国城市空间结构的变化及其动力机制［J］.城市规划.2001（07）：7-14.

123. 赵红军，孙楚仁.二元结构、经济转轨与城乡收入差距分化［J］.财经研究.2008（03）：121-131.

124. 周天勇.托达罗模型的缺陷及其相反的政策含义——中国剩余劳动力转移和就业容量扩张的思路［J］.经济研究.2001（03）：75-82.

125. 周燕，佟家栋."刘易斯拐点"、开放经济与中国二元经济转型［J］.南开经济研究.2012（05）：3-17.

126. 周一星.论中国城市发展的规模政策［J］.管理世界.1992（06）：160-165.

127. 朱英明，姚士谋.长江经济带农业劳动力转移的特征研究［J］.中国人口科学.1999（02）：21-28.

128. 朱宇.城市化的二元分析框架与我国乡村城市化研究［J］.人口研究.2001（02）：53-60.

129. 邹薇，刘红艺.城市扩张对产业结构与经济增长的空间效应——基于空间面板模型的研究［J］.中国地质大学学报（社会科学版）.2014（03）：1-13.

130. Alonso W. The economics of urban size［J］. Papers in Regional Science. 1971, 26（1）：67-83.

131. Alonso W. Location and land use. Toward a general theory of land rent［M］. Cambridge, Mass.：Harvard Univ. Pr., 1964.

132. Anselin L. Spatial econometrics in RSUE：retrospect and prospect［J］. Regional Science and Urban Economics. 2007, 37：450-456.

133. Anselin L. Spatial econometrics: methods and models [M]. Dordrecht: The Netherlands: Kluwer Academic Publishers, 1988.

134. Anselin L. Thirty years of spatial econometrics [Z]. GeoDa center for geospatial analysis and computation school of geographical sciences and urban planning arizona state university, 2009.

135. Berry B. J. L. City size distributions and economic development [J]. Economic development and cultural change. 1961: 573 - 588.

136. Duncan O. D. , Scott W. R. , Lieberson S. , et al. Metropolis and region [M]. 2013 ed. Routledge, 1960.

137. Elhorst J. P. , Lacombe D. J. , Piras G. On model specification and parameter space definitions in higher order spatial econometric models [J]. Regional Science and Urban Economics. 2012, 42 (1 - 2): 211 - 220.

138. 141. Elhorst J. P. Spatial econometrics: from cross - sectional data to spatial panels [M]. Heidelberg, New York, Dordrecht, London: springer, 2014.

139. Friedmann J. Regional development policy: a case study of Venezuela [M]. Cambridge, MA: MIT press, 1966.

140. Haggett P. , Cliff A. D. , Frey A. Locational analysis in human geography [J]. Tijdschrift Voor Economische En Sociale Geografie. 1977, 68 (6).

141. Harris J. R. , Todaro M. P. Migration, unemployment and development: a two - sector analysis [J]. American Economic Review. 1970, 60 (1): 126 - 142.

142. Henderson J. V. Cities and development [J]. Journal of Regional Science. 2010, 50 (1): 515 –540.

143. Henderson J. V. The sizes and types of cities [J]. The American Economic Review. 1974, 64 (4): 640 –656.

144. Jorgenson D. W. Surplus agricultural labour and the development of a dual economy [J]. Oxford Economic Papers. 1967, 19 (3): 288 –312.

145. Kwok Tong Soo Zipf's law for cities: a cross – country investigation [J]. Regional Science and Urban Economics. 2005, 35 (3): 39 –263.

146. Kelejian H. H. , Prucha I. R. The relative efficiencies of various predictors in spatial econometric models containing spatial-Lags [J]. Regional Science and Urban Economics. 2007, 37: 363 –374.

147. Krugman P. Increasing returns and economic geography [J]. Journal of Political Economy. 1991, 99 (3): 483 –499.

148. Krugman P. Scale economies, product differentiation, and the pattern of trade [J]. The American Economic Review. 1980, 70 (5): 950 –959.

149. Singer H. W. The "courbe des populations." A parallel to pareto's law [J]. The Economic Journal. 1936 (46): 254 –263.

150. Song S. , Zhang H. Urbanization and city size distribution in China [J]. Urban Studies. 2002, 39 (12): 2317 –2327.

151. The world bank. World development report 2009: reshaping economic Geography [R]. Washington D. C. , 2009.

152. Xu Z. , Liu N. City size distribution in China: Are large cities dominant? [J]. Urban Studies. 2009, 46 (10): 2159 – 2185.

153. Zipf G. K. Human behavior and the principle of least effort [M]. Oxford, England: Addison – Wesley Press, 1949.